时代华商
物业管理
策划中心

组织编写

智慧物业管理与服务系列

物业保洁服务与绿化养护

全国百佳图书出版单位

化学工业出版社

·北京·

内容简介

《物业保洁服务与绿化养护》一书由物业保洁服务（物业保洁日常管理、物业保洁常用设备与用具、物业日常清洁作业、物业垃圾清运作业、物业虫害防治与消杀作业和物业保洁安全防范）和物业绿化养护（草坪养护、树木的养护与管理和花卉的养护）两大部分内容组成。

本书采用图文解读的方式，让读者在轻松阅读中了解物业管理与服务的要领并学以致用。本书尽量做到去理论化，注重实操性，以精确、简洁的方式描述重要知识点，满足读者希望快速掌握物业管理相关知识的需求。

本书可作为物业公司基层培训的教材，物业公司也可运用本书内容，结合所管辖物业的实际情况，制定有本公司特色的物业服务工作标准。

图书在版编目（CIP）数据

物业保洁服务与绿化养护/时代华商物业管理策划中心组织
编写 . —北京：化学工业出版社，2022.9（2023.5 重印）
（智慧物业管理与服务系列）
ISBN 978-7-122-41678-0

Ⅰ.①物… Ⅱ.①时… Ⅲ.①清洁卫生-物业管理-手册
②绿化-物业管理-手册 Ⅳ.①F293.33-62②S731.5-62

中国版本图书馆CIP数据核字（2022）第105474号

责任编辑：陈 蕾　　　　　　　　　装帧设计：溢思视觉设计
　　　　　　　　　　　　　　　　　　　　　　　E-mail: isstudio@126.com
责任校对：李雨晴

出版发行：化学工业出版社（北京市东城区青年湖南街13号　邮政编码100011）
印　　刷：北京云浩印刷有限责任公司
装　　订：三河市振勇印装有限公司
710mm×1000mm　1/16　印张13¼　字数176千字
2023年5月北京第1版第2次印刷

购书咨询：010-64518888　　　　　售后服务：010-64518899
网　　址：http://www.cip.com.cn
凡购买本书，如有缺损质量问题，本社销售中心负责调换。

定　　价：69.80元　　　　　　　　　　　　　　版权所有　违者必究

前言
Preface

　　随着城市化进程的不断加快与深入，居民社区、写字楼、大型商场、公共基础服务设施、工业园区、学校、医院、景区等都对物业管理这一行业有着极大的需求。但是，针对不同等级的物业标准又对物业管理的要求提出了相应的规范，而现代高水平的物业管理正有推向智能化发展的趋势，打造一个便捷、舒适、高效、智能的物业管理氛围是现代物业管理不断向前发展的探索目标。

　　目前，物业管理行业不仅需要强化各项信息化手段在现代物业管理中的应用力度，还应促使现代物业管理向着智能化方向发展。具体要求要突出现代物业管理的智能化内涵，满足现代化社区对物业管理的要求，为居民提供更加智能化、人性化的服务，推动物业服务高质量发展。

　　2020年，住房和城乡建设部、工业和信息化部、国家市场监督管理总局等6部门联合印发的《关于推动物业服务企业加快发展线上线下生活服务的意见》中明确指出，要推进物业管理智能化，强调推动设施设备管理智能化。在物业管理行业逐渐进入泛智慧化的新阶段，设施设备作为物业管理领域中的重点和难点，同时也是融合新技术进行价值赋能最好的试验田，成为各物业公司的"必争之地"，其中以建筑智能化为抓手进行数字化转型已成为发展智慧物业的主要落脚点之一。

智慧物业借助智慧城市、智慧社区起步发展，正逐步实现数字化、智慧化。智慧停车、智慧安防、智慧抄表、智能门禁、智能会议等智能化应用，在一定程度上提高了物业管理企业的态势感知、科学决策、风险防范能力，在激烈的市场竞争中为降本增效提供了充分的技术保障，进而增强企业的数字化治理能力。数字化治理是新时代下智慧物业管理应用的鲜明特征，将引领物业管理行业管理方式的深刻变革，推动面向建筑智能化的智慧物业应用迈向新高度。

现代物业管理既是机遇又是挑战，因此，物业服务企业要重视各类专业的智能化管理技术，从劳动密集型向技术密集型转变，不断学习更新管理服务技术，紧跟科技潮流，向着更广阔的发展前景迈进。

基于此，我们组织相关职业院校物业服务专业的老师和房地产物业咨询机构的老师联合编写了本书。

《物业保洁服务与绿化养护》一书由物业保洁服务（物业保洁日常管理、物业保洁常用设备与用具、物业日常清洁作业、物业垃圾清运作业、物业虫害防治与消杀作业和物业保洁安全防范）和物业绿化养护（草坪养护、树木的养护与管理和花卉的养护）内容组成，可为物业管理者提供参考。

　　本书在编写过程中引用的范本和案例，大都来自知名物业企业，但范本和案例是为了解读物业服务企业标准化实操的参考和示范性说明，概不构成任何广告。

　　由于编者水平有限，加之时间仓促、参考资料有限，书中难免出现疏漏，敬请读者批评指正。

编　者

目录

Contents

第一部分
1

物业保洁服务

第二部分 113

物业绿化养护

第一部分
Part one

物业保洁服务

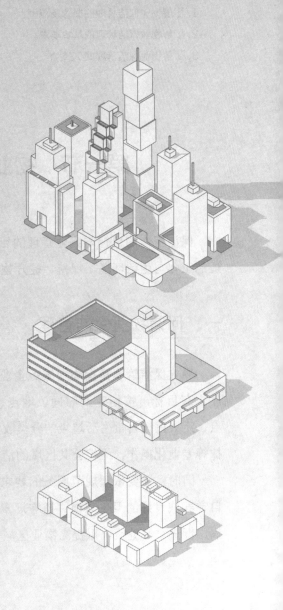

第一章 物业保洁日常管理

🎯 **本章学习目标**

1. 了解物业保洁管理的概念及范围。
2. 了解物业保洁管理的基本要求。
3. 了解物业保洁管理的7S标准。

第一节 物业保洁管理概述

保洁工作的目标与物业管理的目标是一致的，是让客户有一个良好、舒适的工作与生活环境，保持、提升物业的价值。

一、何谓物业保洁管理

物业保洁管理是指物业服务企业对所管辖的区域有计划、有条理、有程序、有目标，按指定的时间、地点、人员进行日常的清洁服务，定时、定点、定人进行日常生活垃圾的分类收集、处理和清运，通过清、扫、擦、拭、抹等专业化操作，维护公共区域的清洁卫生，从而塑造良好的环境氛围。

同时，还要依照规范服务的要求对用户进行宣传教育、专业管理，使其自觉养成良好的卫生习惯，遵守规章制度，保持物业区域容貌整洁，减少疾病，促进身心健康，以提高物业区域使用环境的效益。

保洁管理是一项服务性很强的工作，不同类型、不同档次的物业对楼宇公共部位清洁管理的质量要求也不同，物业服务企业要根据自己所管辖物业的特点和实际情况制定一套针对保洁管理的具体要求，通过物业管理者和使用者共同在制度上、管理上、精神上、文化上的规范努力，营造安全、舒适、整洁、优美、和谐的生活环境和工作环境。

二、保洁管理的范围

物业服务企业要做好保洁的管理工作，首先必须对物业保洁管理的范围有一个全面的了解，不同的物业，可能保洁的范围不一样，但总体而言，包括以下几个方面。

（一）公共场所保洁管理

公共场所保洁管理包括以下三个方面，如表1-1所示。

表1-1　公共场所保洁管理的范围

序号	范围	主要内容
1	室内公共场所的清洁和保养	主要是指围绕办公楼、宾馆、商场、居民住宅楼等楼宇内开展的物业保洁，包括楼内大堂、楼道、大厅等地方的卫生清扫、地面清洁、地毯清洗；门、玻璃、墙裙、立柱等物品的擦拭；卫生间清扫与清洁
2	室外公共场所的清扫和维护	室外公共场所主要有道路、花坛、绿地、停车场地、建筑小品、公共健身器材等。重点应做好地面清扫、绿地维护、建筑小品维护和清洁等
3	楼宇外墙的清洁和保养	主要是指楼宇的外墙清洁和墙面的保养，以及雨篷等楼宇的附属设施维护

（二）生活垃圾管理

1.生活垃圾的收集和清运

物业服务企业应熟悉物业管辖范围内居住人员情况和管辖区域物业的用途，并据此来确定垃圾产生量，从而确定收集设施的规模；合理布设垃圾收集设施的位置，包括垃圾桶、垃圾袋、垃圾箱等；制定日常的清运计划和时间安排。

2.装修建筑垃圾的收集和清运

随着城市居住面积大幅度增加，装修带来的建筑垃圾问题日益凸显。因为建筑垃圾产生量大、品种相对稳定、不宜降解。如果建筑垃圾混杂在普通生活垃圾中，会降低生活垃圾的热值，从而使生活垃圾难于采用焚烧处置或占用卫生填埋场地，增加了生活垃圾处理的难度。因此，对于装修产生的建筑垃圾，应要求单独收集和清运，并可采取综合利用的办法进行处置。

3.垃圾收集设施的维护和保养

近年来，垃圾收集设施品种和规格不断增加；垃圾场中转设施更加完善；各种形状、规格的垃圾箱、果皮箱逐渐取代了传统的大型铁皮垃圾箱，因此应根据垃圾收集设施的特点，安排人员经常性地对其进行维护和保养。

（三）公共场所卫生防疫管理

1.公共场所传染病控制

物业服务企业应加大对本物业管理区域的清洁力度，消除卫生死角；对物业管理公共区域进行全面消毒处理，每天消毒不少于2次，全力配合传染病防控工作。

如果本物业管理区域发生传染病，应及时对本物业进行高标准消毒。

2.公共场所杀虫、灭鼠

公共场所有许多病媒昆虫、动物，它们容易在人群居住地区传播疾病，尤其是苍蝇、老鼠、蚊子、臭虫等"四害"以及蟑螂、蚂蚁等。

三、保洁管理的意义

物业保洁管理是物业管理中一项经常性的管理服务工作，其目的是净化环境，给用户提供一个卫生、健康、舒适、优美的工作和生活环境。良好的环境卫生不但可以保持物业区域容貌的整洁和环境的优雅，而且对于减少疾病、促进身心健康十分有益。同时，它也是文明社区建设的一个重要方面，是体现物业管理水平的重要标志，是延长设备建筑物寿命的主要手段，从而达到物业保值升值的目的。可见，保洁工作是物业管理工作当中不可分割的重要组成部分。

四、保洁管理的目标

物业保洁管理的实质，就是要遵循社会经济发展规律和自然规律，采取有效的手段来影响和限制物业业主、使用人和受益人的行为，以使其活动与保洁质量达到较佳的平衡，从而创造优美舒适的环境，确保物业经济价值的实现，最终达到物业经济效益、社会效益和保洁效益的统一。按照这个总目标，物业保洁管理的具体目标，主要有如图1-1所示的几个方面。

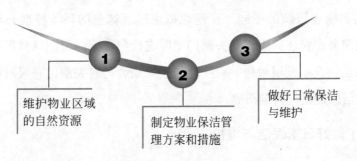

图1-1　保洁服务的目标

（一）维护物业区域的自然资源

合理开发和利用物业管理的自然资源，维护物业区域的生态平衡，防止物业区域的自然保洁和社会保洁受到破坏和污染，使之更好地适合于人类劳动、生活和自然界生物的生存和发展。

要达到这一目标，就必须把物业保洁的管理与治理有机地结合起来，也就是合理利用资源，防止保洁污染；在产生保洁污染后，做好综合治理的补救性工作。这是防止保洁污染和生态破坏的两个重要方面。

在实际工作中，物业服务企业更应该注意以防为主，把保洁管理放在首位，通过管理促进治理，为物业业主、使用人、受益人创造一个有利于进行生产和生活的优良保洁，一个既能保证技术的合理发展，又能防止污染的健康、舒适、优美的物业保洁，以达到物业的经济效益、社会效益和保洁效益的统一。

（二）制定物业保洁管理方案和措施

有效贯彻国家关于物业保洁保护的政策、法规、条例、规划等，具体制定物业保洁管理的方案和措施，选择切实可行的能够保护和改善物业保洁的途径，正确处理好社会和经济可持续发展与保洁保护的关系。

由于不同的物业区域，其保洁保护的要求或标准有所不同，有的物业在某些方面要求高一些，有的要求则会低一些，这就需要物业服务企业根据物业的不同和物业区域的不同，客观地拟定所管物业的环保标准与规范。同时，物业服务企业还应组织有关部门定时进行物业保洁监测，掌握所管物业区域的保洁状况和发展趋势。有条件的还应该会同有关部门开展对所管物业区域的保洁问题进行科学研究。

（三）做好日常保洁与维护

建立物业保洁的日常管理机构，做好物业保洁的日常管理工作，如物业区域内的卫生保洁、绿化、治安、消防、车辆交通等方面的维护和监督工作，使物业区域内的保洁经常都得到净化、美化、绿化，保证正常的工作和生活秩序。

第二节 物业保洁管理基本要求

不同等级的、不同类型的物业对建筑物内公共部位的清洁度有不同的质量标准，同一物业管理区域内可能也有不同的管理要求与标准。一般来说，物业服务企业的保洁管理应达到以下要求。

一、责任要分明

物业保洁是一项细致、劳动强度大的工作，每天都有垃圾要清运、场地要清扫，涉及物业管理范围内的每一个角落。因此，必须做到责任分明，做到"五定"，即"定人、定地点、定时间、定任务、定质量"。对物业范围内的任何一个角落均应有专人负责清洁卫生，并明确清扫的具体内容、时间和质量要求。

二、保洁要及时快速

垃圾每天都会产生，灰尘随时都会落下。因此，保洁工作要体现及时性。对每天产生的垃圾必须及时清除，做到日产日清，并建立合理的分类系统。保洁人员要及时清除垃圾。

三、合理安排保洁计划

物业管理处应制订出清扫保洁工作每日、每周、每月、每季直至每年的计划安排。

下面提供一份××物业公司制订的保洁工作计划的范本，仅供参考。

范本

保洁工作计划

一、楼内部分

清洁项目		日常工作及周期工作内容			清洁标准
		每天	每周	每月	
公共地面	大理石	每天用一定比例的清洁剂加水湿拖1次，并随时保洁	清洗1次		无灰尘、无污渍
	水磨石	每天用一定比例的清洁剂加水湿拖1次，并随时保洁	清洗1次		无灰尘、无污渍
	木地板	每天用一定比例的清洁剂加水推尘1次，并随时保洁	清洁1次		无灰尘、无污渍
3米以下墙壁	大理石	每天用一定比例的清洁剂加水湿拖1次，并随时保洁			无灰尘、无污渍
	瓷面	每天用一定比例的清洁剂加水擦抹1次，并随时保洁			无灰尘、无污渍
	涂料	局部灰尘、污渍随时处理			无灰尘、无污渍
	玻璃	每天用抹布蘸玻璃清洁剂擦抹1次			无灰尘、无污渍、无痕印
	消防楼梯	每天用一定比例的清洁剂加水湿拖1次，并随时保洁	清洁1次		无灰尘、无污渍
	楼梯扶手	每天用一定比例的清洁剂加水擦抹1次，并随时保洁	上不锈钢油	全面清洁	无灰尘、无污渍

续表

清洁项目		日常工作及周期工作内容			清洁标准
		每天	每周	每月	
消防设施及其他设施		每天用一定比例的清洁剂加水擦抹1次，并随时保洁	全面清洁		无灰尘、无污渍
天台及相关设施			全面清洁		无垃圾、无灰尘、无污渍
公共门窗	门、门框	每天用一定比例的清洁剂加水擦抹1次，并随时保洁	全面清洁		无灰尘、无污渍、无痕印、无手印
	窗体、窗台	每天用一定比例的清洁剂加水擦抹1次，并随时保洁	全面清洁		无灰尘、无污渍、无痕印、无手印
	门窗玻璃	每天用一定比例的玻璃清洁剂清洁擦抹1次，并随时保洁	全面清洁		
公共洗手间	地面	拖扫数次，并随时保洁	全面清洁		无灰尘、无污渍
	玻璃镜面	清洗数次，并随时保洁	全面清洁		无痕印、无手印
	洁具、洗手盆	清洗数次，并随时保洁	全面清洁		无垃圾、无异味
	墙面、门框	擦洗1次，并随时保洁	全面清洁		保持清洁干净
	垃圾桶	即时清倒垃圾，保洁	清洗消毒		
植物、花盆		每天洒水1次，并随时清洁花盆			保持植物干净茂盛
不锈钢指示牌		每天用一定比例的不锈钢保养剂擦抹1次	全面清洁		无灰尘、无污渍
信报箱、不锈钢设施		每天用一定比例的不锈钢保养剂加水擦抹1次，并随时保洁	全面清洁	不锈钢油	无灰尘、无污渍、无手印
垃圾桶、垃圾箱		更换垃圾袋1次；清洁烟灰缸；及时整理清抹箱盖、箱身	全面清洁1次		无溢出垃圾，无异味
天台及相关设施		全面清洁1次			无垃圾、无灰尘、无污渍

二、楼的外围部分

清洁项目	日常工作及周期工作内容				清洁标准
	每天	每周	每月	
地面	每天清扫1次、随时巡查保洁			无垃圾、无污渍
指示牌	每天用一定比例的清洁剂加水擦抹1次、并随时保洁	全面清洗1次	全面清洗1次	无灰尘、无污渍
射灯、路灯	每天擦抹1次、并随时保洁	全面清洗1次		无灰尘、无污渍
标识牌		用一定比例的清洁剂加水擦抹1次		无灰尘、无污渍
旗杆	1米以下擦抹2次	用一定比例的清洁剂加水擦抹1次		无灰尘、无污渍
旗帜				无污渍、无痕印
水沟、管道	清洁1次		清洁1次	无垃圾、无污渍
楼房2米以下墙面	局部污渍随时清洁			无明显污渍
玻璃	每天配合玻璃清洁剂清洁1次			无灰尘、无污渍、无痕印、无手印
消防设施及其他设施	每天清洁1次	全面清洁1次		无灰尘、无污渍、无痕印
垃圾桶、垃圾箱	更换垃圾袋1次、清洁烟灰缸；及时整理清抹箱盖、箱身	全面清洁1次		无溢出垃圾无异味
绿化带	清洁、洒水1次	施肥1次		绿化带内无纸屑、烟头、杂物；植物干净、茂盛
垃圾清运	垃圾日产日清、垃圾站每天清洗1次		全面消杀2次	无溢出垃圾无异味

四、制定明确的质量标准

标准是衡量事物的准则，也是评价保洁工作的尺度。物业小区环境保洁的通用标准如图1-2所示的"7S"，具体介绍见本章第三节。

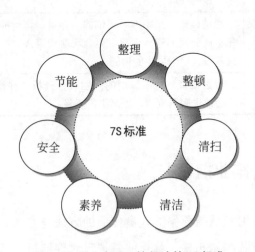

图1-2　物业小区环境保洁的7S标准

不同类型、不同档次的物业对区域内的公共部位清洁卫生的质量标准不同，相同的物业管理区域中不同的管理部位要求的标准也可能不同。物业管理处应根据实际情况制定相应的卫生清洁标准。

五、开展质量检查

检查是保洁质量控制的一种常用方法，也是很有效的方法。目前，大多数物业管理处保洁部门都采用这一方法。质量检查的要求如表1-2所示。

表1-2　质量检查的要求

序号	检查要求	具体说明
1	检查与教育、培训相结合	对检查过程中发现的问题，不仅要求及时纠正，还要帮助员工分析原因，对员工进行教育、培训，以防类似问题的再次发生

续表

序号	检查要求	具体说明
2	检查与奖励相结合	在检查过程中，将检查的记录作为对员工工作表现等的考核依据，并依据有关奖惩和人事政策，对员工进行奖惩及做好有关人事问题的处理
3	检查与测定、考核相结合	通过检查、测定不同岗位的工作量、物料损耗情况，考核员工在不同时间的作业情况，更合理地利用人力、物力。从而达到提高效率、控制成本的目的
4	检查与改进、提高相结合	通过检查，对所发现的问题进行分析，找出原因、提出措施。从而改进服务素质、提高工作质量

六、编制保洁作业指导书

保洁作业指导书就是指导保洁人员作业的方法与方式，把保洁作业的合理过程以文件的方式编制出来。其目的是通过对保洁员进行技术性指导，提高其工作效率与品质，高质量地完成保洁工作。保洁作业指导书一般由如表1-3所示内容组成。

表1-3　保洁作业指导书的内容

序号	内容名称	详细说明
1	作业内容	此作业所需要做的事（每一位作业员要知道自己做什么、需要做好什么）
2	物料内容	此工作所用到的物料（找到自己这一项保洁工作所需要的用到的物料）
3	使用工具	本项保洁工作所用到的工具（要用到什么工具）
4	注意事项	在操作时所遇到的问题与必须注意的地方
5	作业工时	完成此项保洁工作所需要的时间

作业指导书编制完成后，应打印成册，组织保洁人员学习培训，掌握其中的内容，为今后在工作中顺利执行打下基础。新上岗的保洁员工培训完成

后要经过考核，考核合格后，方可上岗。

下面提供一份××物业公司地毯清洁作业指导书的范本，仅供参考。

📖 **范本**

地毯清洁作业指导书

1.目的

为规范对地毯进行清洁的作业流程、作业方法及作业要求，使清洁地毯的所有过程均得到控制，确保清洁后的地毯满足规定要求，特制定本作业指导书。

2.适用范围

本公司各项目所开展的地毯清洁作业均适用本作业指导书。

3.职责

3.1 保洁部领班/主管：负责按本作业规程的要求对所属员工进行培训，并按作业指导书的要求对其进行检查和考评。

3.2 专项保洁员：负责按本作业指导书的要求对地毯进行清洁作业。

4.引用文件

4.1《吸尘器操作保养指导书》

4.2《洗地毯机操作保养指导书》

5.作业内容

5.1 作业准备

5.1.1 所需设备：洗地毯机、吸尘器、吸水机、风干机、线轴。

5.1.2 所需工具：洗地毯刷、手刷、牙刷、抹布、水桶、告示牌、油灰铲刀。

5.1.3 所需用品：地毯清洁剂、地毯去渍剂、干冰、消泡剂。

5.2 操作步骤及要求

5.2.1 进入作业区域后，应先将作业所需的工具及用品放置在适当位置，并检查相关用具是否良好，相关用品是否符合要求。之后将线轴接到电源上，再接通洗地毯机。

5.2.2 将清洁区域内可移动的相关家具集中放置到适当的位置，之后用吸尘器对地毯表面的灰尘进行处理，吸尘器的操作方法按《吸尘器操作保养指导书》的相关要求执行。

5.2.3 若地毯有不易清除的污渍，应先采用手工的方式对其进行清理。其中，若污渍是口香糖，则应使用干冰使其凝固，之后用油灰铲刀进行清理，若污渍是茶渍、咖啡渍、红酒渍、油渍等，需使用与之对应的专用清洁剂对其进行处理。手工局部清洗作业完毕后，再进行大面积的机洗作业。

5.2.4 机洗作业过程中，应按以下要求开展作业：

（1）应调整好洗地毯机，先将泡箱安装好，再安装与之对应的地毯刷，使其处于准备工作状态。

（2）按地毯清洁剂的使用说明，在洗地毯机的水箱中配制好所需的清洁液，期间应按清洁剂的使用说明按比例配置洗地毯液。期间，高泡清洁剂主要用于长绒类织物及天然类织物的清洁；低泡类清洁剂主要用于短绒类织物及化学合成类织物，当天气湿度较大时应尽量避免使用低泡类清洁剂。

（3）按《洗地毯机操作保养指导书》的要求操作洗地毯机对地毯进行清洗作业。

（4）在清洗地毯时，应注意等泡沫从地毯刷下面溢出时方可进行清洗作业。作业过程中给泡箱加水时，应注意不要将水洒在地毯或机器上，以免给后续的保洁作业带来困难。此外，对污染较大的区域应进行重点清洗，并对处于边角位置的区域采用手工作业进行处理。

（5）清洗作业完毕后，应及时用安装有不锈钢扁嘴耙头的吸水机对地毯进行吸水，以清除泡沫中吸附的污渍。

（6）待清洗的地毯风干后（必要时使用吹风机加速风干），应查看地面是否遗留相关物件，检查无误后，再用吸尘器对地毯进行吸尘，吸尘次数视地毯绒毛长短而定。完毕后，及时将所有被移开的家具搬回原位，并收拾整理好所使用的工具和用品。

5.3 保养要求

5.3.1 及时清洗泡箱中的过滤网及发泡铜环，并将泡箱、水桶等清洗擦拭干净后放回库房存放。

5.3.2 将吸水机吸水桶、吸盘及机体清洗干净后存放于库房中，存放时应尽可能将吸水桶与吸水机身分开存放，并保持通风。

5.3.3 将吸尘袋中的杂物清理干净，并将吸尘器内部和每个配件擦拭干净。期间，应特别注意不能用水洗的方式清洁吸尘袋，只能用吸尘器对其进行除尘处理。

5.4 重点注意事项

5.4.1 检查电动设备功能是否完好，尤其注意电源插头和电线是否有破损，在卷绕机器的电源线时应卷绕整齐，并注意不要将其卷得过紧，以免损伤电线。

5.4.2 使用机器前，应将机器每个配件装好后，方可将电插头插入座内。

6. 质量记录

《专项清洁记录表》。

七、要与业主（用户）做好沟通

保洁人员要与业主（用户）做好沟通，避免其往地面扔垃圾。沟通时要有耐心，同时避免与其争吵，争取用实际行动将其感化。

八、要有应急处理措施

意外情况主要通常是指：火灾；污雨水井、管道、化粪池严重堵塞；暴风雨；梅雨天；水管爆裂；户外施工、装修等现象。

对意外情况制定保洁工作应急处理措施，可使保洁人员迅速按照该措施要求开展相关工作，避免其对物业环境卫生的影响，为业主（用户）提供始终如一的清洁服务。

第三节　物业保洁管理7S标准

一、整理

有些物业服务企业保洁管理服务中保洁员常用的水桶、毛巾、拖布、清洁剂等工具都是按人头分配，这样一来，保洁员会想办法将工具稳妥保存，避免丢失，造成工具与耗材存放杂乱无章、位置不固定。

正确的保洁管理应进行合理的规划，以提高收纳能力。

比如毛巾的存放，为提高清洁效果，规定不同区域的擦拭毛巾以颜色区别开，如镜面、桌面使用白色，墙面、楼梯扶手使用蓝色，卫生间内部易污区域使用红色。在收纳中，清洁毛巾需悬挂放置，既区分了不同使用区域，又方便晾晒，避免发霉。又如洗涤剂、消毒剂、去污剂、漂白剂等不同功能的清洁剂，统一存放在明显位置，贴上标识，避免混淆。

制定清洁用品的正确存放布局，提高了物品的收纳量和安全性，在提高对清洁工具和物料的统筹管理力度的同时，也有效避免人员流动造成的不便。任何人到达工作区域都能够方便地找到工具，很快开始工作。甚至保洁主管通过查看工具的使用情况就能判断出当前保洁员的工作位置。这对于保洁工作的管理起到了非常大的辅助作用，如图1-3所示。

图1-3　保洁工具有序存放

二、整顿

清洁工作的目标是维持环境的干净整洁，具有一定的即时性。这就需要保洁员不仅要按标准完成清扫工作，还要保持环境的状态。很多没有实施7S管理的物业服务企业，项目现场执行保洁员自检、保洁主管检查、客服部检查的三级检查，由于检查频次和时间密度安排不合理，很多时候不能及时发现问题，导致用户投诉，既对用户的工作和生活造成不便，又对物业服务企业的服务品质造成负面影响。

7S管理中的整顿就是将原来的"三查"改为现在的"五查"，即助理查、主管查、保洁领班查、保洁主管查、客服经理查的五级检查制。

（1）保洁主管、助理将卫生间、茶水间、公共休息室等作为责任区域进行重点细致检查，其余区域进行抽查。

（2）保洁领班、保洁主管将公共走道、电梯厅、消防通道作为责任区域，进行重点细致检查，其余区域进行抽查。这样每人每天2次的巡查频次，从早上保洁工作时间开始到下班结束，共计15个小时，分为8个时间段进行交叉巡查，保洁工作时间列在检查时间段区间内。

（3）增加人员抽查频次，同时结合了对客服务的其他工作，将相关工作合并进行，不会增加现有人员的工作量。交叉检查的同时，不仅能够发现清洁工作的不足，同时也是对各岗位工作的监督，保障各项工作的有序进行。

（4）客服经理是环境清洁品质的第一责任人，在进行抽查的同时，也是深入服务一线的过程，有助于及时了解客户需求，发现服务工作中存在的问题。

三、清扫

（1）用户的需求是保洁工作的出发点，满足用户需求是物业服务企业的最终目标。因此清洁工作任务的标准必须锁定用户需求，识别和判断用户个性化需求特点，进而达到用户满意的一致性和稳定性。

（2）在保洁员的工作时间安排上，要根据不同楼层的用户使用时间特点进行统筹，以最大限度减少工作对用户使用造成的影响。

（3）保洁员在工作中与用户接触频繁，能够经常接收到用户对于服务的反馈信息，留意用户的肢体语言、表情变化，积极倾听并记录用户的意见和建议，这些对于提高清洁服务有着重要意义。

> **❓ 小提示**
>
> 　　物业服务企业要对通过保洁员收集、反馈的用户建设性意见或建议被采纳者，给予保洁员相应的奖励，以激励保洁员在工作中注意加强对用户需求的关注。

四、清洁

清洁工作手册属于物业管理工作中的必备指引，作为ISO的体系文件，对手册内容、制度、标准、流程进行详细的规定。在执行过程中，结合服务项目个性化特点，客服部应对手册内容不断进行研究、调整。工作手册要明确规定各区域的工作流程、频次、质量标准和检查标准，保洁员在上岗前都要进行学习考试，成绩合格后正式开始工作。

在执行过程中，物业服务企业应根据环境、用户需求来机动地调整工作计划，对于日常保洁工作中发现的问题，及时调整工作内容，对于易脏的部位细化具体位置的管理，对于保持较好的部位改到月清和季清的工作范围内。

五、素养

作为一线服务人员，保洁员的行为礼仪也代表了物业服务企业的服务形象，加强对保洁员职业素质的培训，不仅对清洁工作效率和质量至关重要，也对物业服务企业服务品质和客户评价具有重要意义。因此，物业服务企业应加强保洁员的素质培训和管理。

（一）全流程记录工作档案

每一名保洁员在入职后应建立一份档案，包括个人基本信息，重点是记录入职以后的表现情况，如参加培训的次数、内容，考核成绩，工作区域变动情况，工作表现，主管评价，受到的奖惩情况等，以此提高对保洁员的管理效率，科学分配人员岗位和任务。

（二）加强对人员的技能培训

保洁员的入职门槛不高，物业服务企业对于保洁员的招聘选择中，应更加看重人员的工作态度和学习能力，入职时增加技能培训内容，无论员工的既往经验如何，能够通过考核，独立完成工作标准者即可上岗。

保洁员的技能培训不同于一般的企业培训，员工的文化水平普遍不高，不太适用于理论知识讲座类。另外，保洁员的工作时间很满，不适合开展大范围普及培训。因此物业服务企业对于保洁员的技能培训最好采取一带一的实习期、技能评比的方式，如图1-4所示。

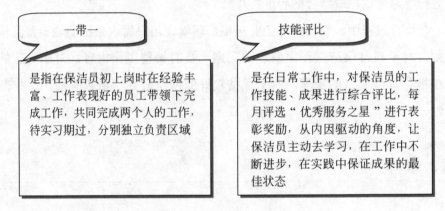

一带一
是指在保洁员初上岗时在经验丰富、工作表现好的员工带领下完成工作，共同完成两个人的工作，待实习期过，分别独立负责区域

技能评比
是在日常工作中，对保洁员的工作技能、成果进行综合评比，每月评选"优秀服务之星"进行表彰奖励，从内因驱动的角度，让保洁员主动去学习，在工作中不断进步，在实践中保证成果的最佳状态

图1-4　对保洁员的培训方式

（三）文化理念的培养

优质的服务和客户的满意度，离不开所有员工的努力，这份共识是企业凝聚力的表现，也是确保企业目标实现的基石。物业服务企业应鼓励员工与企业共同成长，给予所有人平等的晋升机会，工作表现优秀的保洁员也拥有同样的晋升机会。

服务行业对于员工的仪容仪表、行为规范、着装标准等有着严格的标准和要求，在保洁员的服务礼仪方面，物业服务企业也应制定相应的奖惩制度，并将服务礼仪纳入"优秀服务之星"评比指标。通过7S的文化理念培养员工良好的工作态度和职业素养，提高员工工作的主动性和积极性，进而提高整个工作团队的工作效率和凝聚力。

六、安全

消除隐患，排除险情，预防安全事故，保障员工的人身安全，保证服务的持续性，减少安全事故造成的经济损失，这是对物业服务企业最基本的要求。

（一）安全的范畴

安全的范畴如图1-5所示。

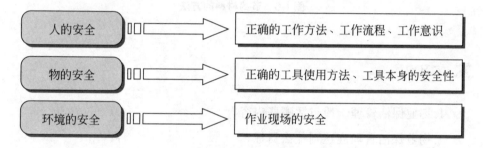

人的安全	正确的工作方法、工作流程、工作意识
物的安全	正确的工具使用方法、工具本身的安全性
环境的安全	作业现场的安全

图1-5　安全的范畴

（二）安全活动的实施

安全活动的实施方法如下：

（1）常检查工作环境。

（2）严格按照作业指导书作业。

（3）做好各类安全标识。

七、节能

合理利用时间、空间、能源等资源，发挥其最大效能，从而创造一个高效、物尽其用的工作场所。现场管理，需要降低消耗，减少损失和污染排放，有效合理地利用资源。

在材料的节约方面，应做到图1-6所示的几点。

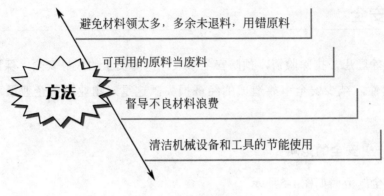

避免材料领太多，多余未退料，用错原料

可再用的原料当废料

方法

督导不良材料浪费

清洁机械设备和工具的节能使用

图1-6　节约材料的方法

✎ **学习回顾**

1.物业保洁管理一般包括哪些内容？

2.物业保洁管理应达到什么目标？

3.物业保洁质量检查有什么要求？

4.如何编制保洁作业指导书？

5.物业保洁管理的7S标准分别指什么？

6.如何加强保洁员的素质培养。

✎ **学习笔记**

_____

_____

_____

_____

第二章 物业保洁常用设备与工具

🌀 **本章学习目标**

1. 了解常用的保洁设备。
2. 了解常用的保洁工具。

第一节 保洁常用设备

在物业保洁工作中,需要借助机械设备来帮助保洁员完成日常工作。正确使用机械设备,不仅可以有效延长设备的生命周期,还可以降低设备使用过程中存在的安全隐患。在此,介绍几种物业保洁工作中常用的设备。

一、吸尘器

吸尘器是专用于清除地面上的灰尘,由主体和附件组成,如图2-1所示。主体包括电机、风机、吸尘部分(由过滤器、储存箱组成)。附件包括软管、接长管、刷头、吸嘴等。

(一)操作步骤

(1)首先检查机器电源线、开关按钮是否符合规定要求。

(2)将吸尘机放置所需作业的指定位置。

图2-1 吸尘器

（3）作业前，应针对不同的吸尘对象选择和安装所需的相关配件：当吸地毯时，应关闭耙头上的毛刷；吸硬质地面时，应启用耙头上的毛刷；当吸狭小的位置时，应启用扁吸嘴或管状吸嘴。

（4）安装完毕后，接通电源，开始实施吸尘作业。

（5）在对地面进行吸尘作业前，应对地面进行清扫或推尘，以清除地面上可能存在的较大垃圾。当吸尘箱中尘袋内的垃圾较多时，应及时清理，以防箱内尘土排出。

（6）作业完毕后，关掉电源，将尘袋及滤网清理干净，确保使用后的机器从里到外清洁干净，并将电源线缠绕在设备的指定位置后将其放回库房。

（7）作业完毕后，将所使用的工具及用品归还至库房或指定位置。

（二）保养要求

（1）每次使用后将机器从里到外清洁干净。

（2）需要时通知维修人员进行测试和检查。

（3）每次作业完毕后，应及时清理机器内的尘袋及滤网。

（三）注意事项

（1）使用前，检查尘袋及滤网有无损坏。

（2）启动机器前，应先将作业区域内的垃圾（如铁钉、牙签、纸张、果皮等）清扫干净，完毕后方可进行吸尘作业，以防垃圾吸入管内造成机器故障。

（3）运行时，禁止牵引软管拖拉机器，防止损坏软管。

（4）操作过程中，对于尘袋要勤检查、勤清理，以确保吸尘的效果。

（5）使用后，应检查机器电线是否有破损现象。

二、洗地机

洗地机是一种适用于硬质地面清洗同时吸干污水，并将污水带离现场的清洁机械，具有环保、节能、高效等优点，如图2-2所示。

图2-2　洗地机

（一）操作步骤

（1）首先检查机器电源线、开关按钮是否符合规定要求，若发现设备存在异常，则应停止使用。

（2）将洗地机及所需工具放到待洗的相关区域。

（3）在洗地作业前，应做好相关区域的隔离和防护，并清扫清洁地面。

（4）作业时，先将洗地机的线打开，双手按住两边手柄向后轻轻压倒，直到缠线柱与地面接触放稳为止。

（5）电源线放置好后，将机器轻放在地面上。期间应注意在支架底下垫上抹布或纸板，以防支架伤及软性地面。

（6）安装针盘时，应以逆时针方向将针盘固定到位，并以手动的方式顺时针旋转针盘看其转动是否灵活，若感觉针盘转动阻力较大，则应重新安装，直至其正常为止。针盘安装完毕后，应将所需的洗地垫放正贴于针盘上，然后将机器轻轻放直。在选择洗地垫时，应按图2-3所示的要求选配。

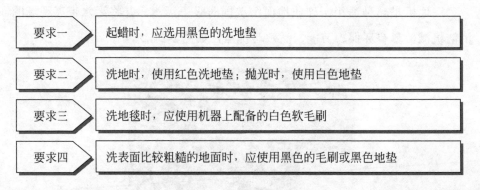

要求一	起蜡时，应选用黑色的洗地垫
要求二	洗地时，使用红色洗地垫；抛光时，使用白色地垫
要求三	洗地毯时，应使用机器上配备的白色软毛刷
要求四	洗表面比较粗糙的地面时，应使用黑色的毛刷或黑色地垫

图2-3　洗地垫的选配要求

（7）地垫安装完毕后，应视作业面积大小和脏污程度，在备好的相关容器里，按一定的比例配制相应的清洁液，并充分搅拌均匀。

（8）准备作业完毕后，再接通电源，右手抓住升降柄，把机器手柄调到适当的高度后，一手握住放水柄释放少量水在地面上，之后再一手按总启动键，一手按分启动键使机器进入洗地作业状态。

（9）操作过程中，若需机器向右转，则应将机身轻微向上抬；若需机器向左转，则将机身轻微往下放。其间应注意机器向右转时由左手控制放水，机器向左转时则停止放水。

（10）机器转向后折回来洗地时，应注意与第一次洗地的区域保持适当的重叠面（一般情况下重叠面可保持大约5～10厘米）。

（11）作业过程中，应注意将机器的电源线搭在左肩上，以防电源线被卷入机器中造成设备或人身安全事故。

（12）操作完毕时，双手松开手柄按钮，机器自动停止。

（二）保养要求

（1）使用过程中，应注意探测机身的温度，若发现机身过热，应暂时停止作业，以防机器因过热而损毁。

（2）使用完毕后，应检查机器电源线是否完好，若发现有破损现象，应及时报修处理。

（3）检查水箱内是否有残留的水，之后还应对水箱进行仔细清洗，确保其干净，以防残留液体腐蚀机器。期间应特别注意将放水阀拆下，进行彻底清洗保养。

（4）机器在存放于仓库之前，应确保其擦拭干净。

（5）对使用后的洗地垫及地毯刷，应清洗干净后平放在适当位置，放置时切忌折弯存放，以防其变形后不利下次使用。

（6）每季度应对机器的电器绝缘状态进行测试检查，并对相关部件进行加油养护，以防相关部件损坏。

（三）注意事项

（1）在使用前一定要检查机器是否正常，若发现机器异常，应立即停止使用。

（2）加水及加药剂时，应注意先加水再加入药剂，并注意不要把水或药剂倒在水箱外面以防腐蚀机器。期间对安装有转接头的机器，在加水时应特别注意避免将水渗入到转接头内部，以防漏电损伤人员和设备。

（3）在操作机器时，电线应始终在人的身后，避免在机器运转时将线绞断后漏电伤人。

（4）操作过程中要经常检查针盘上的垫子，避免垫子磨薄导致针盘损坏。

（5）进行洗地作业前，必须先放少量水润湿洗地垫，避免干的洗地垫磨伤地面。

（6）当清洗到靠近墙面的地方时，应注意在无踢脚板的地方与墙面保持适当的距离，以防损伤墙面。

> **❓ 小提示**
>
> 洗地机是复杂的机械设备，使用洗地机的操作者，一定要经过专业培训。

三、吸水机

吸水机也称吸尘吸水机，在放上尘罩时做吸尘使用，换上电机保护罩可以吸水。

（一）操作步骤

1.普通吸水机的操作步骤及要求

（1）首先检查机器电源线、开关按钮是否符合规定要求。

（2）接好电源后，先用手柄（也有相关机型使用脚踏板）调节机器的升降高度，使机器的耙头与地面接触。

（3）推动机器向前或向后匀速运行，吸取地面的水或其他液体。

（4）吸水时，应确保吸水区域不会有遗漏。往返吸水作业时，要保持适当的重叠面。

（5）作业完毕后，应使吸水耙头离开地面后方可关掉机器电源。

2.多功能吸水机操作步骤及要求

（1）应检查机器的电源线、开关按钮等是否符合规定要求。

（2）检查完毕后，将洗地垫安装到机器的针盘上。

（3）踩下脚踏板，使机器的地垫与地面接触。

（4）将刮水器放下后，按动电源开关，再按动放水开关，之后再按下地垫开关，随后开始洗地、吸水作业。

（5）当发现吸水作用减弱时，应注意检查水箱里的水是否已满。水满后，应先关掉机器的所有开关后，将水箱的导水管上的活塞拧开放掉箱中的污水。

（6）将水箱重新装好之后，方可按上述的方式打开相关开关进行下一轮作业。

（二）保养要求

（1）使用后先将机器仔细擦拭干净，检查机器电线是否有破损漏电现象。

（2）检查各零部件的损耗情况，并对已损耗的部件及时更换。

（3）需要时通知相关厂商对其进行测试检查。

（4）每季度应对机器的电器绝缘状态进行测试检查，并对相关部件进行加油养护，以防相关部件损坏。

（5）对电瓶式吸水机，应注意必须在其电量完全耗尽时方可进行充电，以避免电池正常性能受到损害。

（三）注意事项

（1）推动机器操作时注意电线的长短，避免损坏机器。

（2）吸水作业前，应在机器水箱内加入少量消泡剂，以防机器损坏。

（3）当机器发出满水警示时，应及时排除水箱内的水，以免水溢入电机导致电机损坏。

（4）应根据吸水工作量的大小，开启适当数量的电机，以提高吸水工作效率。

（5）吸水作业时，应注意机器的运转噪声，若出现杂音或噪声突然异常，立即停止使用并检查吸水耙头有无杂物堵塞，若无杂物或清除杂物后相关现象仍未排除，通知相关部门进行检修。

（6）当使用多功能洗地机作业时应注意不能将其太靠近边角区域，以防刮水器碰撞到相关物品上导致机器或设施损坏。

（7）吸水完毕后应注意对边角地带的积水进行处理，以确保整体吸水效果达到要求。

（8）在清洗多功能洗地机的水箱时，一定要确保其彻底清洗干净，存放时应将机盖敞开放置，以防下次使用时产生异味。

四、抛光机

抛光机用于地面抛光，由底座、抛盘、抛光织物、抛光罩及盖等基本元件组成。

（一）操作步骤

（1）作业所需的设备、工具及用品准备完毕后，应检查相关用具是否良好，相关设备的电线及插头是否符合要求。

（2）检查无误后，应戴好口罩后对待抛光的区域进行推尘，完毕后将告示牌放置在抛光区显眼的地方。

（3）完毕后，按照喷壶的使用说明，加入适量的保养蜡，用喷壶向地面喷雾。

（4）喷雾时，应注意不宜在一个位置喷洒过多，以防地面太湿不利抛光作业。

（5）抛光时，应来回在抛光面上进行抛光作业，并尽可能做到边喷边抛。

（6）对墙角部位进行抛光时，应采用切入直行的方法。若保养蜡喷到墙面或其他地方，应立即用抹布和清水将其擦掉。

（7）作业过程中，应注意检查抛光垫污染是否严重，污染严重时则应及时翻面使用或更换。

（8）作业完毕后，用尘推和吸尘器去除抛光面上的蜡屑，随后，将所有用具收齐，清理后放回储存室。

（二）保养要求

（1）推尘时，应及时用吸尘器去除尘推上的灰尘、蜡屑，除尘推太脏时应更换尘推罩。

（2）使用后用清水清洗抛光垫，然后晾干，工作后立即将擦垫从机器下取出，以免其变形或损坏。

（三）注意事项

（1）作业前，应注意检查电源线是否有破损，电机运转的声音是否正常。若发现电机存在异常状况，应停止使用机器。

（2）在将电源线接上电源前，应注意检查机器的工作部件是否已经安装妥当，特别是安装抛光垫时，应注意将抛光垫旋紧，以防针盘或抛光垫安装不牢固给操作人员或机器带来损伤。

（3）使用机器时，应注意将抛光垫离开地面后方可启动机器。抛光过程中若转速变慢，则应将手柄下压，使抛光机保持正常的转速。

（4）工作时注意不要将尘推随意摆放，机器不用时，应将手柄直立，以防机器阻塞通道。

（5）作业时，应尽量将电线抛到机器后方，以防电线缠绕在抛光机内。

（6）放置机器时，应注意将针盘脱离地面，以防针盘受压变形损坏。

五、高压水枪

高压水枪是高压清洗机、高压水射流清洗机的俗称，是通过动力装置使高压柱塞泵产生高压水来冲洗物体表面的机器。它能将污垢剥离、冲走，达到清洗物体表面的目的。主要对外围石材地面、墙面、地垫等进行定期的清洗作业。

（一）操作步骤

（1）首先检查机器电源线、开关按钮是否符合规定要求。

（2）将高压水枪放置所需作业的指定位置。

（3）将枪柄与高压管连接。

（4）枪柄与枪杆连接。应根据不同的清洗物选择相应的喷头：当清洗车辆、一般地面时，应选择扇形喷头；清洗凝固的污渍时，应选择旋转枪头。

（5）高压水管与出水口连接。

（6）将水管与进水管连接，打开水龙头。

（7）开启手柄开关进行排水排气。

（8）连接电源。

（9）高压水清洗：设置好高压或低压模式（转动枪柄）将主控开关旋至"1"，打开安全锁控扣动扳机。此时，机器进入预加压状态，当预压达到规定要求时，开始对相关的清洗物进行冲洗作业。

（10）带清洁剂清洗：设置好低压模式（转动枪柄），拉出清洁剂吸入管，将清洁剂吸入管放入清洁剂容器中，将主控开关旋至"1"打开安全锁控扣动扳机。此时，机器进入预加压状态，当预压达到规定要求时，开始对相关的清洗物进行冲洗作业。

（11）作业完毕后，关闭设备，拔掉电源插头，关闭水龙头，扣动扳机卸压，锁定枪柄。将枪头及水管按要求放好。

（12）使用后的机器清洁干净后放回库房。

（二）保养要求

（1）每次使用后将机器擦拭干净。并及时清洗清洁剂过滤网和清水过滤网。

（2）对大功率的高压水枪，每次使用前检查机油，并定期更换。

（3）需要时通知维修人员进行测试和检查。

（三）注意事项

（1）使用前，检查水管与机体接口处有无漏气现象。

（2）当使用的水源不是自来水管中的水时，应检查相关容器中的水是否干净无杂物。

（3）操作时，应始终将机体立放在地面上，以防因机体倾斜导致水压不足。

（4）操作时，严禁枪口对他人、动物及电气元件，以防止意外。

（5）操作时，水不能喷落于机体上，以防止电机烧坏。

（6）如使用清洁剂清洗，使用完毕后将清洗剂吸入管拿出并放入净水容器中，继续开动机器。

（7）当放开机器的扳机后，若需再启动扳机时，应停顿10秒左右之后，方可再次按动扳机。

第二节　保洁常用工具

物业环境卫生清洁服务，必须辅之以相应的清洁工具才能够完成，清洁工具一般指用于手工操作、不需要电机驱动的清洁用具。

一、清洁车

清洁车主要用于放置清洁作业所需的工具、药剂和物品，如图2-4所示。清洁车的使用要求如下：

（1）放置相关清洁工具时，应按照便于区分及方便使用的原则，将相关工具、药剂及物品放置在车上相应的位置上，特别应注意当金属工具使用完毕后，应将其擦干后放置在车上规定的位置。

（2）在推动清洁车时，应注意使清洁车靠通道的一侧行驶，并注意观察前面行人及设施设备的放置状况，避免因车速过快或因观察不仔细而导致撞伤行人或通道旁相关设施及物品。

（3）在实施清扫保洁作业时，应将清洁车停放在靠近作业位置附近的通道一侧，以确保通道畅通。

（4）每两个月，应定期对清洁车的轮轴实施加油养护，以防止车轮因过度磨损而导致清洁车不能正常使用甚至过早损坏。

图2-4　清洁车

二、榨水车

由榨水桶和榨水头组成，主要用于清洗脏污的拖布，并对已清洗的拖布进行挤压脱水。榨水车的使用要求如下：

（1）在给榨水桶中加水时，应注意不要将水加得过满。水量过多会导致换水作业不方便，严重时甚至会导致榨水桶倾倒或人员扭伤事故的发生；此外，若盆中水量过多，还会使清洁车在移动时或在清洗拖布时产生水溢的现象。

（2）一般情况下，榨水桶内的水位以达到盆内高度2/3或3/5左右为宜。因操作者个人体能的不同，可在此基础上做适当的增减。

（3）在对拖布头进行榨水时，应注意不要用力过猛，应逐渐加力，以防损坏榨水车部件及确保使拖布头充分脱水；此外，在榨水时还应注意不要将拖布夹伸入榨水槽里，并注意榨水时要站在榨水车正前方，以防因榨水头受力不均损坏榨水头。

（4）一般情况下，在使用榨水车榨完拖布后，应再次用手拧干拖布头，以防因榨水不彻底而影响清洁质量。

三、铲刀

1. 云石铲刀

主要用于清除大理石面、花岗岩面及陶瓷面上凝固的污渍。

（1）使用铲刀时，注意铲刀端面应全部与去污表面接触，并以适当的角度（切入角一般应≤45°）去清除污渍，避免因以局部刀面甚至刀尖接触去污面而导致划伤物体表面。注意：此类铲刀不能用于玻璃的去污作业。

（2）每次使用完毕后，应及时清除刀上的水渍，以防生锈。

2. 油灰铲刀

主要用于清除凝结于地面的水泥灰石。此类铲刀不能用于其他地面的去污去渍作业。

3. 玻璃铲刀

主要由刀片、手柄、保护套组成。用于清除玻璃上附着或凝固的污渍。使用时，应注意刀端面与玻璃面成30°左右角。铲刀使用完毕后应注意保持洁净，以防生锈。

> **❓ 小提示**
>
> 对其他物体上的污渍特别是木质、塑料类及不锈钢上附着的污渍，不能使用玻璃铲刀铲除。

四、扫帚

1.长扫帚

主要用于清扫地面较明显的垃圾，或当发生跑水事件时使用。一般情况下，在进行初次清扫时配合垃圾斗使用。每次清扫完毕后，应及时清理扫帚上附带的污物；每天工作结束前，应对污染严重的扫帚用水进行清洗，以确保扫帚洁净，方便下次使用。

2.短扫帚

主要用于清扫地面角落的垃圾及尘推罩的附着物，并在对相关区域实施巡回保洁时配合垃圾斗使用。短扫帚在使用后，也应及时清理扫帚上的污渍物，以确保扫帚的正常使用。

五、垃圾袋

主要用于垃圾桶、垃圾篓内盛装各类垃圾。当垃圾达到2/3更换时应注意检查其是否有破损，如发现破损现象，应在其外面再套上一层垃圾袋。

六、簸箕

主要用于放置初次清扫及巡回保洁过程中所清理的垃圾物品。使用完毕后，应注意将其清洁干净。

七、尘推

由尘推杆、尘推架及尘推罩组成，主要用于地面尘土及碎屑较多时的初次清扫作业。

（1）尘推罩清洗干净并干燥后，相关作业人员应注意在其上面喷洒相关的除尘剂，以为后续的清洁作业做准备。

（2）在使用尘推时，应按照被清洁地面面积的大小及地面摆放物品的多少来选择相关尺寸的尘推。一般情况下，配备有90厘米及60厘米长度的尘推，其分别用于公共通道、室内办公区及狭窄的区域等。

（3）在安装尘推时，应注意将尘推架安装固定在尘推杆的相应位置上，以防止在使用时尘推罩局部脱落，并防止其在使用时转向不方便、不灵活。

（4）在使用时，应注意不要在有水或其他黏性物质的区域直接使用尘推罩，应将水渍、泥土等清除干净后方可推尘。

（5）在对地面进行尘推作业时，应注意推尘的方向要尽量保持平直，尘推杆与地面尽量保持45°左右；在改变方向进行下一轮清扫时，应注意使尘推与已清扫的区域保持适当的重叠面（一般可控制在5～15厘米左右），以确保清扫面完整，避免不洁面的产生。

（6）尘推在使用过程中，应注意查看尘推罩的脏污情况。若发现尘推罩比较脏时，应及时清除附着在上面的尘土、杂屑或更换干净的尘推罩。在清洁尘推罩上的尘土污物时，应尽量接近地面抖动，切忌飞扬的尘土污染已清洁的区域。

（7）尘推使用完毕后，应将尘推罩放置地面，并做好相应的防护，尘推杆应贴于地面放置。

八、防滑警示牌

主要用于对地面进行湿拖作业时为过往行人提供安全警示。在每次对地面实施湿拖或清洗作业之前，应先将警示牌放置于待清洁区前面的醒目位置，以便于提醒行人注意，同时也应注意其不要影响行人正常过往。待地面干燥后，及时将防滑警示牌放回原指定位置，如图2-5所示。

图2-5　作业时放置警示牌

九、拖布

主要用于地面的清洁作业。

（1）拖布由拖布夹、拖布头及拖布杆组成，拖布头若因使用时间过长导致拖布变薄稀疏时，应及时更换新的拖布头。

（2）擦拭地面时，应按"先擦边后擦面"的原则进行。在擦拭时应注意按一定的方向逐层进行擦拭；每一层面擦拭完毕后，在进行下一层面擦拭时，应注意使拖布头与已擦拭区域保持适当的重叠面，以防止漏擦区域的产生。

（3）在擦拭过程中，应注意观察与墙面或相关物品邻近区域的擦拭状况，若发现有漏擦现象，应及时对其补擦，以确保擦拭面完整。作业间隔时，应注意不要将已使用的拖布头接触已清洁的区域，以防其受到污染。

（4）一般情况下，每擦拭2.5米左右换一次面，每擦拭5米左右清洗一次拖布头；正常情况下，若不能清晰看到榨水桶底的颜色时，则应更换一次榨水桶的清洗用水。

（5）若相关清洁区域的保洁状况较好或较差，则应适当调整拖布头的清洗频次及清洗用水的更换频次，其调整原则以所擦拭的地面符合保洁要求为限。

十、抹布

主要用于清洁室内外的相关物品及设施。

（1）对不同的工作区域（如公共区域、卫生间等）及保洁要求不同的物品（如卫生间里的台面、镜面等与大小便器分开），应使用不同的抹布。

（2）需要时，应采用有效的方法（如使用不同颜色的抹布或使用不同颜色的塑料袋或容器盛装）予以区分，以防混用。

（3）使用抹布时，应根据被清洁物品的面积大小，将抹布折叠成相应的抹布块对相关物品进行擦拭；对表面尘埃较多或污渍明显的部位，应使用湿抹布进行擦拭；对保洁状况较好的物品，可用干抹布对其进行擦拭。

（4）擦拭物品时，对清洁面应按同一方向一次擦拭完毕，注意不要来回擦拭；当正在使用的一面抹布较脏时，应及时换面使用，以确保保洁效果。

十一、百洁布

主要用于面盆、洗浴设施及大、小便池的去污去渍作业。

（1）一般情况下，应使用绿色的百洁布擦拭面盆、洗浴设施等物品。

（2）对大小便池应使用其他颜色的百洁布对其进行清洁。

（3）当对不同物品进行清洁完毕后，应注意将其放置在清洁车上指定的位置存放。

十二、鳄鱼夹（老虎夹）

主要用于天花板或不便清扫的区域的清扫保洁作业。

（1）使用鳄鱼夹时，应先将干净的湿布折叠整齐后夹在鳄鱼夹上紧固，之后按一定的方向擦拭天花板或其他区域。

（2）擦拭时，当发现抹布的擦拭面已明显脏污时，应及时更换抹布折叠面进行擦拭，抹布污染严重时，应及时清洗抹布。

（3）对不易清除的污渍，应在抹布上喷涂相关清洁剂进行擦拭。在清除污渍的过程中，要注意用力适度，特别应避免因用力过大导致天花板错位变形。

（4）在放置时，应注意尽量将其平放在地面或相关物体上，以防鳄鱼夹摔坏。

十三、玻璃涂水器

主要由支架和吸水头组成，用于玻璃的初次清洗作业。

（1）使用时，应将涂水器在水中浸湿后将待清洗的玻璃表面全部擦洗润湿；其间，应注意涂水器上余留的水量不宜过多，以防止滴漏的水污染门窗及地面等区域。

（2）在对玻璃进行初次擦洗后，应用清水对涂水器进行清洗，随后视玻璃的脏污程度在涂水器表面均匀喷涂适量的玻璃清洗剂，对玻璃进行全面擦拭。

（3）使用清洗剂擦洗完毕后，应对涂水器进行再次清洗，并用清水对玻璃再次进行擦拭，直至玻璃表面无附着的可见污渍。

（4）在进行涂水作业前，应做好对地面、窗台的防护，以免水渍流到相关区域产生污染。

十四、玻璃刮

主要由手柄、卡条和橡胶条组成，用于玻璃的清洁作业，如图2-6所示。

图2-6　用玻璃刮清洁玻璃

（1）作业时，应按照从上到下、从左至右的方向对玻璃进行擦拭，擦拭时，其擦拭面应尽量保持平直，且动作不宜停顿；每次擦拭完毕后，应及时用抹布拭去玻璃刮边缘的水渍。

（2）在对下一清洁面进行擦拭时，应注意玻璃刮的橡皮端面应与已擦拭的清洁面保持适当的重叠面，以防止水痕、水渍的产生。

（3）玻璃刮使用完毕后，应注意将其橡胶面向上放置，以防止其变形。

✖ 学习回顾

1.如何操作吸尘器？

2.使用洗地机应注意什么事项？如何选择洗地垫？

3.如何保养吸水机？

4.如何使用清洁车？

5.保洁工作中常用的铲刀有哪几类？分别作业于哪种材质？

6.使用抹布有什么要求？

✎ 学习笔记

第三章　物业日常清洁作业

本章学习目标

1. 了解不同区域清扫除尘的常识。
2. 了解不同区域地面的清洁常识。
3. 了解不同材质墙壁的清洁常识。
4. 了解电梯的清洁常识。
5. 了解不同物品的清洁常识。
6. 了解不同场所的清洁常识。

第一节　清扫除尘

一、门窗除尘

　　门框、窗户边框等区域，在除尘时要使用抹布、水桶、刷子等工具，主要采用表面擦拭的方法。门窗除尘步骤具体如图3-1所示。

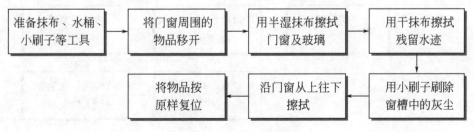

图3-1　门窗除尘步骤

二、地面清扫

（一）清扫方法

常见的清扫方法有按扫、弹扫、浮扫、推扫，各自的操作要点如表3-1所示。

表3-1　各种清扫方法的操作要点

序号	方法	具体说明
1	按扫	（1）稍用臂力按着扫帚扫地面，除去表面的浮尘 （2）向下用力压时，清扫速度要慢，以防浮尘飞散
2	弹扫	（1）用于各种地垫、家具细小缝处的灰尘等的清扫 （2）具体清扫时，可将扫帚的一头对着垃圾向外上方扫，通过弹力把作业面上的污物带走，不形成飞散的灰尘
3	浮扫	（1）用于绿地、草坪上杂物的清扫，清扫前，要先把草坪上的较大杂物、垃圾拾捡掉 （2）清扫时，将扫帚头稍微浮起在草坪上清扫，力度要小
4	推扫	（1）多用于广场、马路等区域的清扫，一般使用竹扫帚 （2）清扫时，用双手下压扫帚往前推着扫，将各种垃圾推扫到一起，然后再收集处理 （3）推扫是比较粗略的清扫，完成后要使用塑料扫帚细细地扫净

（二）室内清扫

了解以上的清扫方法后，在进行室内清扫时可按以下步骤进行，如图3-2所示。

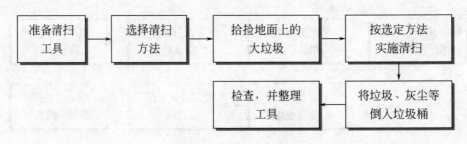

图3-2　室内清扫步骤

（三）楼梯清扫

清扫楼梯要使用塑料扫帚、簸箕等基本工具，具体作业时应注意以下事项：

（1）要依照从高到低的顺序，倒退着进行清扫。必须要一步一个台阶，不能大步倒退以免摔倒。

（2）如果楼梯间较暗，要先开灯后清扫。

（3）清扫后的灰尘、垃圾要及时扫入簸箕，垃圾较多时要先倒掉。

三、天花板除尘

对于天花板、吊平顶等高处区域的蜘蛛网、灰尘等，在清扫时，要使用到梯子、刷子、大张帆布等工具，具体的清扫步骤如表3-2所示。

表3-2　天花板除尘步骤

序号	阶段	操作要点
1	作业前	（1）备齐所需用具，并检查其是否完好 （2）将告示牌放置在工作位置底或显眼的地方 （3）把帆布张放在工作位置底。如果可能，将家具移开，并盖上帆布 （4）将梯子摆好，如果太高还需要专人扶稳
2	作业中	使用毛刷将各种尘网刷去，对于蜘蛛网较多的角落要用清洁剂进行擦拭，并喷洒消毒液
3	作业后	（1）将梯子、告示牌、帆布等移开，并将地面清扫干净 （2）将所有用具收齐，清洗清理后放回指定位置

? 小提示

在进行天花板除尘时，保洁员要使用眼罩。如果使用到施工架，还必须系好安全带，防止天花板脱落造成危险。

四、公共区域除尘

（一）公共区域范围

公共区域主要是指道路、广场、绿地等，其除尘主要通过清扫进行。道路清扫前，保洁员要检查各种工具是否完好并备齐。

（二）公共区域除尘工具

在清除道路灰尘时，常使用到扫帚、铁钎、夹子（或捡拾器）、铁锨等工具，各自的适用如表3-3所示。

表3-3　公共区域除尘常用工具一览

序号	工具	主要用途
1	竹扫帚	着地面大，经久耐用，多用于道路、广场大范围的清扫
2	铁钎	（1）是1米左右长度的铁棍，一端弯成钩状 （2）用于扎起或勾起地上的片状、块状垃圾
3	竹夹子（捡拾器）	（1）用于夹起烟头、小杂物等小块垃圾，尤其是落入缝隙中的垃圾 （2）使用时，靠手的握力控制夹子前端开、合，将小块垃圾捡起
4	铁锨	用于收集大片的垃圾，并将垃圾装入车中

（三）道路清扫

道路清扫前，保洁员要检查各种工具是否完好并备齐，待各项工作准备好，就可以按以下步骤进行清扫，如表3-4所示。

表3-4　道路清扫的四大步骤

序号	清扫步骤	具体说明
1	清扫路面	（1）右手放置距扫帚把顶端2/3处，手心朝下；左手放置距扫帚把顶端1/3处，手心朝上；身体向前微倾，用力清扫 （2）道路两侧均为硬质边际时，应站在中间向左右两个方向把垃圾扫至墙根或路牙下 （3）道路一侧为硬质边际，另一侧为绿地时，将垃圾单方向扫至路牙下

续表

序号	清扫步骤	具体说明
2	清扫路牙、墙根	（1）右手放置距扫帚把顶端1/3处左右，手心朝上；左手放置距扫帚把顶端1/2处左右，手心朝下 （2）站在距墙根或路牙1米左右，可左右手交替清扫，将垃圾扫成堆
3	清扫树坑	（1）将树坑上的覆盖物支起来或者移开，将垃圾扫出，然后将覆盖物放回原处 （2）如果只有烟头、塑料袋等垃圾，可直接用夹子、铁钎等垃圾取出
4	垃圾装车	将垃圾收集，先把轻质垃圾如塑料袋、树叶等装车，再装灰土等垃圾

保洁员在清扫道路时，应备好保洁车、手套、口罩等必要工具，需要用到时方便取用。

第二节 地面清洁

一、室内地面清洗

室内地面的清洗可使用拖擦或机器清洗。

（一）使用拖把

将地面的各种垃圾、灰尘清扫后，就可以使用拖把进行拖洗了。具体操作时，先擦洗踢脚板，再拖擦地面。拖地要遵循先角落后中间、由内到外的顺序，如果地面较脏要重复擦洗。

> ❓ 小提示
>
> 在拖洗地面时，保洁员要将脚底板擦干净或穿上雨鞋。在拖洗完成后要将脏拖把清洗干净，并晾干理顺以便再次使用。

（二）使用洗地机

如果室内地面需要清洗的区域较大，就应使用洗地机进行清洗。

二、室外地面清洁

室外公共区域地面包括道路、绿化带等。具体的清洁要点为：

（1）每天分两次，用扫把、垃圾斗对路面、绿地进行彻底清扫，清除地面果皮、纸屑、树叶和烟头等杂物。

（2）用铲刀清除粘在地面上的口香糖等杂物。

（3）对垃圾箱进行清洁，用长柄刷子沾水刷洗。

（4）垃圾房附近地面每天在上午、下午用水冲洗两次，每周用洗洁精刷洗一次。

（5）地面要每周进行冲洗，可使用清洁水车，但绝不能使用消防用水。

三、不同地面的清洁操作规范

地面有不同种类，如广场砖地面、沥青地面、水泥地面、地砖地面、花岗岩地面等，不同的地面在进行清洁时，有一定的区别。

下面提供一份××物业管理处不同地面的清洁操作流程，仅供参考。

■ 范本

不同地面的清洁操作流程

序号	地面类型	清洁操作流程
1	广场砖地面	（1）准备好扫把、拖把、铲刀、垃圾袋等保洁工具 （2）用扫把将地面上的垃圾清扫干净，并将清扫后的垃圾放到垃圾桶内

续表

序号	地面类型	清洁操作流程
1	广场砖地面	（3）如发现广场砖发生破裂或松动，应及时向保洁班长反映，并记录在保洁工作日记中，工程人员应及时更换破裂的广场砖或将松动的广场砖进行缝合 （4）如在打扫中发现广场砖上发现有口香糖等黏附物，应用铲刀沿口香糖边缘轻轻刮起，并迅速放入已准备好的垃圾袋内 （5）如在打扫中发现广场砖上有水泥痕迹，应用铲刀将其轻轻刮起，如刮不掉，可用稀释的盐酸将水泥痕迹溶解，并迅速用水冲掉，然后用拖把将水迹擦掉，防止在水迹干之前留下痕迹 （6）保洁工作结束后，将工具带回工作间，将铲刀用水进行彻底清洗，并用干抹布抹干、晾干，然后妥善保存起来，以备后用
2	沥青地面	（1）循环地对沥青地面进行彻底的清扫，将清扫后的垃圾放到垃圾桶内 （2）发现沥青地面有油污应及时用清洁剂清洁，先用一定比例的清洁剂倒在油污上，然后用抹布轻轻擦去油污，如一次擦不了，可进行反复擦洗，擦洗完毕后，用清水对擦洗处进行冲洗，然后用抹布将冲洗处的水迹擦干 （3）用铲刀清除粘在沥青地面上的口香糖等杂物，用铲刀将杂物轻轻铲起，然后放入准备好的垃圾袋 （4）下雨天应及时清扫地面，确保沥青地面无积水，防止路人在行走时因积水过多而跌倒 （5）旱季时每月冲洗一次地面，雨季时每半月冲洗一次地面；冲洗路面后，应及时清除路面水迹 （6）沥青地面的清洁标准： ① 目视地面无杂物、积水、无明显污渍、泥沙 ② 道路、人行道路面干净无污迹、无杂物、无垃圾和痕迹 ③ 路面垃圾滞留时间不能超过1小时 （7）将工具放回工具间，将铲刀用清水冲洗，并用干抹布抹干、晾干，以备后用
3	水泥地面	（1）用扫把扫干净水泥地面上的杂物，若灰尘较大，可先洒点水后再清扫 （2）在打扫中发现水泥地面有开裂现象，应及时报告保洁班长，并记入保洁日记中 （3）对于水泥地面开裂，应采取以下措施： ① 准备好铲刀、泥桶等

续表

序号	地面类型	清洁操作流程
3	水泥地面	② 将石灰搅拌成泥浆，用铲刀将泥浆沿开裂的地缝修补，同时保持修补后的地面平整 ③ 在修补后的水泥地面附近放上告示牌，等到水泥干透后再拿掉 （4）在夏季时，注意在打扫时多洒水，以免水泥地面热胀冷缩引起开裂 （5）对于水泥地面上的杂物，如口香糖，应用铲刀及时铲去，放入准备好的垃圾袋中 （6）对于水泥地面上预留的水泥缝，在打扫时要注意去除里面的杂物 （7）遇到雨雪天气，要及时打扫，防止积水积雪造成过往行人跌倒 （8）地面的清洁标准： ① 目视地面无杂物、积水，无明显污渍、泥沙 ② 道路、人行道无污渍，每200平方米痕迹控制在1个以内 ③ 行人路面干净无污迹、无杂物、无垃圾和痕迹 ④ 路面垃圾滞留时间不能超过1小时
4	地砖地面	（1）准备好扫把、拖把、铲刀、垃圾袋等保洁工具 （2）用扫把将地砖地面上的垃圾清扫干净，并将清扫后的垃圾放到垃圾桶内 （3）如在打扫中发现地砖发生破裂或松动，应及时向保洁班长反映，并记录在保洁工作日记中，工程人员应及时更换破裂的地砖 （4）如在打扫中发现地砖上有口香糖等黏附物，应用铲刀沿口香糖边缘轻轻刮起，并迅速放入已准备好的垃圾袋内，禁止用脚将口香糖踩掉，以免破坏地砖表面 （5）如在打扫中发现地砖上有水泥痕迹，应用铲刀将其轻轻刮起，如刮不掉，可用稀释的盐酸将水泥痕迹溶解，并迅速用水冲掉，然后用拖把将水迹除掉，防止在水迹干之前留下痕迹 （6）保洁工作结束后，将工具带回工作间，将铲刀用水进行彻底清洗，并用干抹布抹干、晾干，然后妥善保存起来，以备后用
5	花岗岩地面	（1）日常清洁保养 ① 扫净花岗岩地面后用拖把将地面拖干净，每天拖抹2次 ② 将吸尘剂喷在尘推上对花岗岩地面进行推尘，每天数次

续表

序号	地面类型	清洁操作流程
5	花岗岩地面	③ 对污染较重部位应用稀释的盐酸清洁，清洁完毕后立即用清水冲洗并擦干水迹 （2）每月一次用擦地机、百洁垫、清洁剂全面清洗花岗岩地面 （3）操作时应注意： ① 使用稀释盐酸清洁时注意防止盐酸腐蚀金属设施 ② 全面清洗花岗岩地面应在晚间进行，以防打扰住户正常休息 （4）花岗岩地面清洁保养标准应达到：目视花岗岩地面色泽透明光亮

第三节　墙壁清洁

一、瓷砖、喷涂和大理石墙面清洁

对所有贴瓷砖的内墙面、喷涂墙面和大理石墙面的清洁，应按以下程序进行，如图3-3所示。

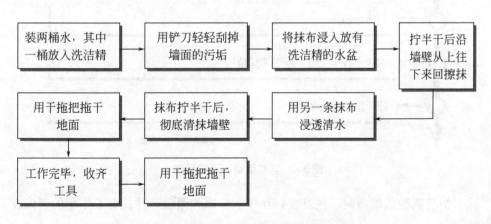

图3-3　瓷砖、喷涂和大理石墙面清洁程序

> ❓ **小提示**
>
> 用铲刀刮除墙面污垢时,不能刮伤墙面。如果墙壁上污迹较重,在用抹布清洗后还要用短柄刷刷洗。

二、乳胶漆墙面清洁

对大厦消防楼梯、走道等处的乳胶漆墙面及天棚面的清洁,应按以下程序进行,如图3-4所示。

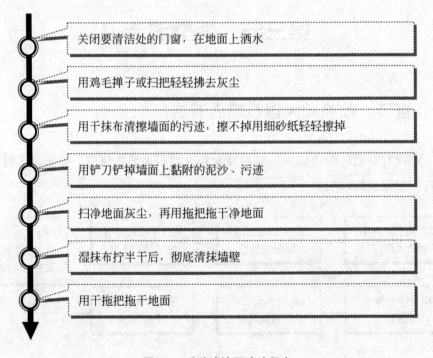

关闭要清洁处的门窗,在地面上洒水

用鸡毛掸子或扫把轻轻拂去灰尘

用干抹布清擦墙面的污迹,擦不掉用细砂纸轻轻擦掉

用铲刀铲掉墙面上黏附的泥沙、污迹

扫净地面灰尘,再用拖把拖干净地面

湿抹布拧半干后,彻底清抹墙壁

用干拖把拖干地面

图3-4 乳胶漆墙面清洁程序

清洁乳胶漆墙面时,注意戴好帽子、口罩和眼镜,并扎紧工作服的领口、袖口。

三、外墙面清洗

外墙面经过长时间的风吹雨打，需要定期进行冲洗。

（一）清洗设备

外墙面清洗是一项高难度的作业，且危险性较大。在清洗前要检查各种设备、工具是否完好。常见的设备及其使用如表3-5所示。

表3-5　外墙清洗常用设备及其使用

序号	设备	使用说明
1	生命绳、安全绳、工作绳	（1）生命绳与安全绳都是由锦纶制成的直径为18毫米左右的绳索 （2）工作绳主要连接吊板的活络结，形成高空作业的吊板组件 （3）工作绳与安全绳的使用年限为一年，不得超期使用，如果有磨损要废弃掉 （4）工作绳与安全绳在工作结束时应顺其纹路盘整好，避免发生扭曲现象，并应放于干燥的地方，定期进行干燥处理
2	吊板	由防滑座板与吊带组成。在使用前应检查其抗拉强度，若发生裂纹应及时更换
3	安全带	（1）由两根肩背带和一根腰带、两根腿带组成，通过自锁钩与生命绳连接 （2）对安全带的肩背带、腰带和腿带之间的连接处应十分注意，若发生断线、脱线的情况，应及时更换
4	下滑扣	（1）由直径16毫米的圆钢制成，并有螺栓销连接的U形扣 （2）主要连接吊板的吊带与工作绳，工作绳在下滑扣里形成活络结，使作业人员坐于吊板上能够安全下降 （3）打活络结时，螺栓销要拧紧
5	自锁钩	由不锈钢板制成，连接作业人员身上的安全带与生命绳，必须灵活可靠

（二）清洗方式

1.吊板清洗

（1）作业前的准备。采用吊板清洗方式时，在具体作业前要做好充分的准备工作，具体如表3-6所示。

表3-6 作业前的准备事项

序号	准备工作	具体事项
1	准备工具	准备吊板、安全绳、水枪、水管、抹水器、刮水器、清洗滚筒、抹布、板刷、百洁布、铲刀、吸盘以及清洁剂、溶剂等必要工具
2	勘查现场	（1）查看现场，看建筑物顶部必须有固定吊板绳和安全绳的牢固构件，绳子下垂经过位置不得有尖锐棱角锋口 （2）在高压电源区无法隔离时，不得进行工作 （3）天气状况必须良好，出现大风（风力大于3级）、雨雪、高温、低温等天气都不能作业
3	安全检查	（1）检查吊板绳、安全绳，有无损伤或断股 （2）检查坐板有无裂纹，吊带是否反兜，坐板底面及吊带有无损伤 （3）确认高空下吊人员每人一根吊板绳和一根安全绳 （4）检查高空下吊人员背戴的保险带有无损伤 （5）检查吊板绳、安全绳在建筑物顶部的绑扎固定部位是否牢固，吊板绳、安全绳在建筑物顶部的绑扎固定部位不得在同一受力处，必须是分别的两处 （6）检查吊板绳、安全绳在经过建筑物顶部"女儿墙"直角转折处是否垫有防止绳索损伤的衬垫，发现未垫，须停止工作 （7）检查作业人员的着装是否符合以下要求：头戴安全帽；身着长袖工作上衣和长工作裤，腐蚀性环境应着耐腐蚀工作服；脚着软底胶鞋，腐蚀性环境应着防腐蚀工作鞋 （8）检查作业人员佩戴工具是否都与保险带常用绳索相连接

❓ 小提示

在该作业现场的地面区域内设置围栏作为安全区域，并安排一名地面安全员，阻止行人通行，发现未安排地面安全员或未设置围栏，则停止工作。

（2）清洗作业。采用吊板清洗方式的具体作业步骤如表3-7所示。

表3-7　吊板清洗作业步骤

序号	作业步骤	具体说明
1	安全着装	（1）穿工作服，戴安全帽并系好安全带 （2）系上自锁钩，再系好下滑扣，同时打紧、固定好吊板扣子
2	吊板下放	楼上监护人员将吊板下放，作业人员检查吊板是否牢固，并坐于规定位置，将清洗用具连在吊板上
3	清洗墙面	用水枪对准工作位置喷水，初步除去灰尘，再使用抹水器、刷子等刷洗墙面或玻璃面。根据作业需要缓慢下滑至下一个作业点，直至本次作业完毕
4	降落着地	作业完毕，降至地面后，清理现场并整理工具

如果需要多次作业，要在第一次作业降至地面后，卸下水桶、吊板等，再上屋顶开始第二次作业。此外，整个工作过程，安全员必须自始至终在现场监督。

2.吊篮清洗

吊篮清洗即在作业时，人员站在吊篮内，随吊篮移动清洗墙面的不同区域。

（1）准备工作。重点检查屋顶状况，确认能否安装吊篮，吊篮在屋顶移动有无障碍，霓虹灯、广告牌等是否妨碍作业等，并确定作业方案。此外，作业时需要两名操作员工携带清洗工具和用品进入吊篮。

（2）安全检查。主要检查吊篮各部位，如吊篮紧固件、连接件、提升机、安全保护装置、钢丝绳电缆线等是否完好，确认无隐患后方可工作。其他检查事项基本与吊板清洗前的检查内容基本一致。

（3）操作过程。与吊板清洗作业基本一样，要先除尘再清洁。所不同的是，在一个位置结束后，可将吊篮放至下部同一位置进行清洁，当纵向从上到下一个位置清洁完毕后，再横向左或向右移动至相邻一个位置，从上到下清洁。

第四节　电梯清洁

一、升降电梯的清洁

升降电梯的清洁操作如表3-8所示。

表3-8　电梯的清洁要领

序号	基本要点	操作说明
1	操作准备	（1）准备各种清洁工具，如抹布、清洁剂、拖把等 （2）将电梯停止运行，打开电梯门 （3）在电梯门口明显放置"正在清洁"指示牌
2	轿厢内壁清洁	（1）将抹布浸水后再拧干，沿内壁从上往下来回擦拭，然后用干净抹布将内壁来回轻擦 （2）用半干湿抹布擦净电梯按钮、显示屏，并进行消毒 （3）如果轿厢内壁是不锈钢镜面，只能使用干抹布擦拭或油擦
3	轿门沟槽清洁	使用吸尘器将沟槽内的灰尘、沙粒等吸除干净，然后用干净抹布将内槽来回擦拭
4	轿厢地面清洁	（1）如果地面是地毯，要使用吸尘器 （2）如果不是地毯，先要用湿拖把并结合清洁剂进行拖擦，再用清水拖擦，最后用干拖把将水迹擦净
5	轿厢门清洁	（1）轿厢门多为不锈钢材料，清洗时要先喷上不锈钢保养剂 （2）用棉质软毛巾从上往下擦拭，最后用半干湿抹布擦拭轿厢门的塑料、胶条等区域

❓ 小提示

清洁完成后，要检查整个轿厢是否有遗漏点，如果确认清洁干净，要整理清洁工具并收起指示牌，恢复电梯的正常运行状态。

二、自动扶梯的清洁

自动扶梯清洁前要准备好各种工具，并在上、下着陆区前放置"正在清洁"告示牌。清洁时要按从上到下，由上着陆区开始至下着陆区，先扶手带再护板后步梯的顺序进行。

自动扶梯各区域的清洁要点如表3-9所示。

表3-9　自动扶梯的清洁要点

序号	清洁区域	清洁要点
1	扶手带	可喷洒上少许的清洁剂，然后分类依次先用湿抹布用力擦拭，过清水后再用湿抹布抹擦，最后用干抹布擦净水迹
2	侧面护板	可使用少许的清洁剂，用湿抹布擦拭，过清水后用干抹布擦干
3	着陆区	将拖把浸入清洁剂（兑水后），拿起后拧干，用力拖擦着陆区来回重复
4	梯步	（1）将清洁剂稀释后灌入喷壶中 （2）将扶梯开启运行，并把刷盘放在梯步的平面上，将溶液均匀地喷洒在刷盘上方的梯步上，使梯步槽内的污迹流出 （3）用吸水机将梯步上面的水吸干，用拖把将平面拖干净 （4）清洁后，将扶梯开启运行一圈，把断掉的线头清理干净

第五节　不同物品的清洁

一、玻璃清洗

玻璃的清洗要使用清洁剂、玻璃刮、伸缩杆等工具，具体的作业程序如图3-5所示。

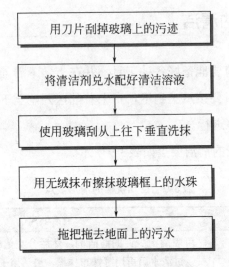

图 3-5　玻璃清洗的作业程序

对于污迹较重的地方要重点清洗，作业时还应注意防止玻璃刮的金属部分刮花玻璃。如果清刮高处玻璃时，要将玻璃刮套在伸缩杆上。

二、镜面清洁

（一）准备工作

（1）工具。将清洁所需的各种工具准备好，包括：

① 按1∶50的比例配置好玻璃清洁剂溶液，盛放在一个水桶中。

② 准备好刀片、抹水器、带伸缩杆的刮水器。

③ 抹布若干及报废的大块布。

④ 备清水一桶。

（2）其他准备。将报废的大块布打开铺在玻璃镜面下方的地面上，水桶放在大块布上，防止清洁剂及水滴在地上。

（二）清洗作业

（1）用玻璃抹水器的毛头蘸上适量玻璃清洁剂溶液，而后从上至下、从左至右地垂直擦洗，如果玻璃镜面的面积较大，高度较高，可将伸缩杆拉开使用。

（2）用玻璃刮水器，从左向右横向或从上至下刮擦玻璃，将玻璃上的溶剂刮净。在刮擦时应及时用抹布擦去刮把上的水分，并用抹布将玻璃边上及边框的水迹抹净。

（3）如发现玻璃、镜面有斑迹，可用刀片轻轻刮去，要注意不可刮花玻璃、镜面的表面。

（4）结束工作将所有的工具清洗干净，毛头刷晒干，以备下回使用。

三、木器清洁

（一）木器清洁流程

木器清洁流程如图3-6所示。

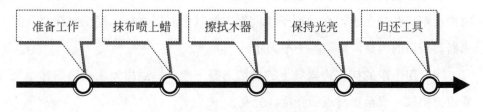

图3-6　木器清洁流程图

（二）操作规范

（1）准备好上光蜡一瓶，抹布两块。

（2）摇匀上光蜡，喷在干抹布上，上光蜡布均匀地擦拭整件木器表面。

（3）用干净的抹布擦拭木器，清除木器表面的污渍和印迹，直至木器光洁光亮。

（4）收回工具，不得遗留在现场。

四、金属器具上光

（一）上光操作流程

金属器具上光操作流程如图3-7所示。

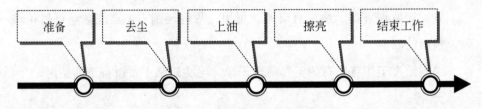

| 准备 | 去尘 | 上油 | 擦亮 | 结束工作 |

图3-7　金属器具上光操作流程

（二）操作要求

（1）准备好所需的擦铜油、不锈钢油和干净柔软的平纹抹布若干块。

（2）用干净的抹布除去金属表面的浮尘。

（3）将清洁剂（即擦铜油和不锈钢油）轻轻摇动，使其均匀且无沉淀，将清洁剂抹在抹布上，在油剂干燥前用力擦拭金属器表面，擦拭时注意要除去器具表面的污迹，直至擦干净为止。

（4）用干净的抹布将器具上的清洁剂擦干净，然后用一块干净的抹布反复用力擦拭，直至器具表面光洁、光亮。

（5）工作完成后收回清洁剂和抹布，清理好操作现场。

五、不锈钢清洁

（一）日常的清洁保养

（1）用已稀释的万能清洁剂擦拭不锈钢表面。

（2）用半干湿的毛巾抹净不锈钢表面上的水珠再用干布擦干。

（3）置少许不锈钢擦亮剂于抹布上，对不锈钢表面进行擦拭。

（4）不锈钢表面面积大的可用手动喷雾枪或喷壶（调至雾状），将不锈钢擦亮剂喷于不锈钢表面，然后用干布擦拭。

（二）特殊污渍、锈迹的清洁

（1）用金属除渍剂倒在微湿的布上轻擦污渍。

（2）用湿抹布擦拭干净，干抹布擦干。

（3）抹上不锈钢擦亮剂。

（三）操作要求

（1）清洁不锈钢应使用平纹布，以免抹布脱绒遗留在不锈钢表面上影响光亮度。

（2）上不锈钢油时不宜太多，防止沾污他人衣物。

（3）应使用干净的干抹布，以防沙粒划伤不锈钢表面。

（四）不锈钢清洁标准

（1）亚光面不锈钢目视表面无污迹、无灰尘、50厘米内映出人影。

（2）镜面不锈钢目视表面光亮、无污迹、无手印、3米内能清晰映出人影。

六、宣传栏、标识牌等清洁

各种雕塑装饰物、宣传栏、宣传标识牌等的清洁要点如表3-10所示。

表3-10 雕塑装饰物、宣传栏、标识牌等的清洁要点

序号	清洁对象	清洁要点
1	雕塑装饰物	（1）备长柄胶扫把、抹布、清洁剂、梯子等工具 （2）用扫把打扫装饰物上的灰尘，人站在梯子上，用湿抹布从上往下擦抹一遍，如有污迹用清洁剂涂在污迹处，用抹布擦抹，然后用水清洗
2	宣传栏	用抹布将宣传栏里外周边全面擦抹一遍，玻璃用玻璃刮清洁

续表

序号	清洁对象	清洁要点
3	宣传标识牌	（1）可用湿抹布先从上往下擦一遍，然后再用干抹布擦抹一次 （2）如果宣传牌、标识牌等表面有广告纸，应先撕掉广告纸后清洁

七、灯具清洁

（一）清洁流程

灯具清洁的操作流程如图3-8所示。

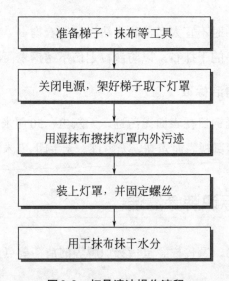

准备梯子、抹布等工具

↓

关闭电源，架好梯子取下灯罩

↓

用湿抹布擦抹灯罩内外污迹

↓

装上灯罩，并固定螺丝

↓

用干抹布抹干水分

图3-8　灯具清洁操作流程

？小提示

清洁日光灯具时，应先将电源关闭，取下盖板，取下灯管，然后用抹布分别擦抹灯管和灯具及盖板，清洁后重新装好。

（二）安全注意事项

灯具清洁作业涉及电器安全以及高处作业安全，因此必须注意以下安全事项：

（1）在梯子上作业时应注意安全，防止摔伤。

（2）清洁前应首先关闭灯具电源，以防触电。

（3）人在梯子上作业时，应注意防止灯具和工具掉下碰伤行人。

（4）用螺丝刀拧紧螺钉，固定灯罩时，应将螺钉固定到位，但不要用力过大，防止损坏灯罩。

（三）灯具清洁标准

应达到：目视灯具、灯管无尘，灯具内无蚊虫，灯盖、灯罩明亮清洁。

第六节　重点场所清洁

一、卫生间清洁

（一）卫生间清洁流程

卫生间清洁流程如图3-9所示。

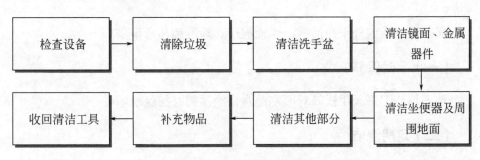

图3-9　卫生间清洁流程图

（二）操作要点

（1）保洁员首先检查卫生间内的各种设备、灯光照明等是否运行正常，如有不正常的，立刻打电话到物业管理处报修。

（2）清空卫生间里所有垃圾筒内的垃圾，换上干净的垃圾袋。

（3）用专用洗手盆百洁布擦洗洗手盆，然后用清水冲洗干净，用擦洗手盆的抹布将洗手盆及周围台面上的水迹擦干。

（4）用柔软的干抹布擦净擦亮镜面、金属器件和水龙头。

（5）清洁坐便器

① 放水冲净坐便器、便池，将清洁剂倒入其中。

② 用消毒水浸泡过的百洁布擦拭坐便器、便池，除去污渍。

③ 用清水冲洗以漂清消毒水残留液，用干抹布将坐便器内抹干，不留水迹、污渍和黄迹。

④ 用干净的抹布擦拭座圈、外壁、水箱及便池，使其干净不留水迹。

（6）用拖把拖干地面，除去水迹和污渍。

（7）擦干净门、门框、门挡、墙面和墙底角。

（8）及时补充洗手液、卫生纸和手巾等。

（9）清扫结束后将所有工具收回。

二、喷水池的清洁

保持喷水池内外干净清洁。作业程序、标准和注意事项如下。

（一）平时保养

地面清洁工每天用捞筛对喷水池水面漂浮物打捞保洁。

（二）定期清洁

定期清洁的操作步骤如图3-10所示。

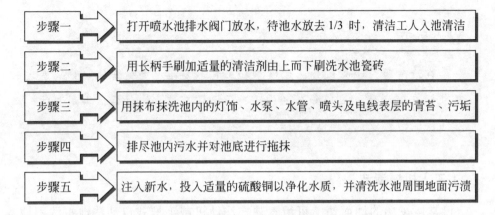

图3-10　定期清洁的操作步骤

（三）清洁标准

目视水池清澈见底，水面无杂物，池底洗净后无沉淀物，池边无污渍。

（四）注意事项

（1）清洗时应断开电源。

（2）擦洗电线，灯饰不可用力过大，以免损坏。

（3）清洁时，不要摆动喷头，以免影响喷水观赏效果。

（4）注意防滑，跌倒。

三、停车场清洁

（一）非机械清洁

停车场的清洁要点为：

（1）用长柄竹扫把将垃圾扫成若干堆。

（2）用垃圾斗将垃圾铲入垃圾车中，发现有杂物一起清运上垃圾车。

（3）用胶管接通水源，全面冲洗地面，发现油迹和污迹时，倒少量清洁剂在污迹处，用胶刷擦洗，然后再用水冲洗。

> **? 小提示**
>
> 在清洁时应小心细致，垃圾车和工具不要碰坏其他车辆。如果发现机动车辆漏油，应通知车主并及时用干抹布抹去燃油后，再用洗洁精清洗油污，以免发生火灾。

（二）机械清洁

日常停车场的地面清洁可用驾驶式洗地机或手推式自动洗地机洗刷地面，一般用清水进行清洁便可，既环保又经济。如此清洁地面，可把污垢真正地带出停车场，同时也使地面湿润了一遍，避免二次扬尘。如果污垢比较严重的，可选用中性清洁剂清洗，也可使用一般洗涤剂以较小浓度加入水中做成清洗液，油污比较多时，可使用化油溶液进行清洁；如果是地坪漆还要注意地坪漆边缘部分不要较长时间有积水。

四、游乐设施清洁

（一）操作要点

（1）准备抹布、水桶、扫把等工具以及清洁剂。

（2）用抹布擦拭娱乐设施表面上灰尘。

（3）倒少许清洁剂在污渍处，用抹布擦拭，然后用水清洗干净。

（4）清扫游乐场所及周围的纸屑、果皮、树叶等垃圾。

（5）擦拭附近的椅凳。

（6）每天将设施场所至少扫一遍，不定时循环保洁，目视游乐场周围整洁干净。

（7）滑梯每周清洗一次，儿童乐园的其他设施每天抹一次，保持无灰尘、污渍。

（二）注意事项

（1）在擦拭儿童游乐设施时，发现设备设施脱焊、断裂、脱漆或有安全隐患时，应及时汇报给管理处。

（2）发现游乐的人特别是小孩未按规定使用游乐设施时，应立即予以制止、纠正。

（三）清洁标准

（1）游乐设施表面干净光亮，无灰尘污渍、锈迹。

（2）目视游乐场周围整洁干净、无果皮、纸屑等垃圾。

五、阴沟、窨井清洗

（一）清洁频次与要求

清洁频次与要求如表3-11所示。

表3-11 清洁频次与要求

序号	频次	要求
1	每季度	每季度对阴沟、窨井按以下要求清理一次： （1）用铁钩打开井盖 （2）用捞筛捞起井内的悬浮物 （3）清除井内的沉沙，用铁铲把粘在井内壁的杂物清理干净 （4）清理完毕盖好井盖 （5）用水冲洗地面
2	每年	每年对阴沟、窨井按以下要求彻底疏通一次： （1）打开井盖后，用长竹片捅捣阴沟、窨井内的黏附物 （2）用压力水枪冲刷阴沟、窨井内壁 （3）清理阴沟、窨井的垃圾

（二）清洁标准

（1）目视阴沟、窨井内壁无黏附物，阴沟、窨井底无沉淀物。

（2）水流畅通，井盖上无污渍、污物。

（三）注意事项

（1）掀开井盖后，地面要竖明显警示牌并加围栏，并有专人负责监护，以防行人跌入。

（2）作业时，应穿连身衣裤、戴胶手套。

（3）必须有两人以上同时作业。

✖ 学习回顾

1.如何对天花板进行除尘。

2.公共区域除尘常用的工具有哪些？

3.室外地面清洁的要点是什么？

4.如何进行外墙面的清洗？

5.升降电梯的清洁要求有哪些？

6.如何清洁宣传标识牌？

7.灯具的清洁标准是什么？

8.如何清洁游乐设施？

9.阴沟、窨井的清洁标准是什么？

✎ 学习笔记

_____

_____

_____

_____

_____

第四章　物业垃圾清运作业

1. 了解垃圾分类的常识。
2. 了解垃圾的收集与清运常识。

第一节　垃圾的分类

　　垃圾分类一般是指按一定规定或标准将垃圾分类储存、投放和搬运，从而转变成公共资源的一系列活动的总称。其目的是提高垃圾的资源价值和经济价值，减少垃圾处理量和处理设备的使用，降低处理成本，减少土地资源的消耗，具有社会、经济、生态等多方面的价值。

一、垃圾分类标准

　　垃圾一般可分为可回收物、厨余垃圾、有害垃圾、其他垃圾四类。

（一）可回收物

　　可回收物主要包括废纸、废弃塑料、废玻璃、废金属和废旧纺织物等，如图4-1所示。

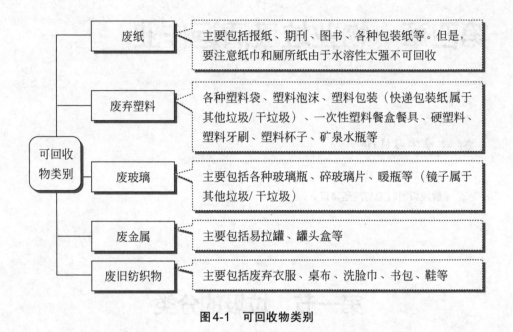

图4-1 可回收物类别

（二）厨余垃圾

厨余垃圾（上海称湿垃圾）包括剩菜剩饭、骨头、菜根菜叶、果皮等食品类废物。

（三）有害垃圾

有害垃圾含有对人体健康有害的重金属、有毒的物质或者对环境造成现实危害或者潜在危害的废弃物。包括电池、荧光灯管、灯泡、水银温度计、油漆桶、部分家电、过期药品及其容器、过期化妆品等。这些垃圾一般使用单独回收或填埋处理。

（四）其他垃圾

其他垃圾（上海称干垃圾）包括除上述几类垃圾之外的砖瓦陶瓷、渣土、卫生间废纸、纸巾等难以回收的废弃物及尘土、食品袋（盒）。采取卫生填埋可有效减少对地下水、地表水、土壤及空气的污染。

（1）大棒骨：因为"难腐蚀"被列入"其他垃圾"。玉米核、坚果壳、果核、鸡骨等则是厨余垃圾。

（2）卫生纸：厕纸、卫生纸遇水即溶，不算可回收的"纸张"，类似的还有烟盒等。

（3）厨余垃圾装袋：常用的塑料袋，即使是可以降解的也远比厨余垃圾更难腐蚀。此外塑料袋本身是可回收垃圾。正确做法应该是将厨余垃圾倒入垃圾桶，塑料袋另扔进"可回收垃圾"桶。

（4）果壳：在垃圾分类中，"果壳瓜皮"的标识就是花生壳，属于厨余垃圾。家里用剩的废弃食用油，也归类在"厨余垃圾"。

（5）尘土：在垃圾分类中，尘土属于"其他垃圾"，但残枝落叶属于"厨余垃圾"，包括家里开败的鲜花等。

二、垃圾分类的意义

垃圾分类是迫在眉睫的必然趋势，物业管理服务企业作为垃圾分类的源头，自然而然的承载着不可推卸的责任和义务，在垃圾分类中发挥着至关重要的作用，物业服务企业更应该积极响应国家号召，提前规划和布局，全力以赴做好垃圾分类工作。

对物业服务企业而言，垃圾强制分类时代的到来，将会是不小挑战，但同时也会是一个机遇。垃圾分类做好了，既能够促进社区和谐、改善社区环境，也能有效提升物业服务品质和物业行业形象。

三、实行标准化垃圾分类措施

物业服务企业要切实做好垃圾分类工作，促使广大业主了解垃圾分类工作的意义，提高居民的垃圾分类意识，还需采取相应的措施。

（一）做好垃圾分类宣传

（1）物业服务企业可在小区每个入口处和楼栋大堂内张贴垃圾分类公告、

分发宣传手册、定点投放地图等。

（2）在垃圾投放点安排小区管理人员和志愿者值守，现场指导查看和帮助业主更加准确地进行垃圾分类。

（3）垃圾分类工作推广期间，物业服务人员可挨家挨户上门沟通和宣传，尽最大努力获得广大居民的认可和支持。

（4）大力开展培训，尽力做到人尽皆知。为了使广大居民真正掌握垃圾分类的知识和方法，基于现场的培训是必不可少的。一方面，物业企业可精心制作宣传小册子，发放到每家每户；另一方面，物业企业可组织专人持续开展多次现场培训和演示。

（二）达成共识，建章立制

在小区内全面推行垃圾分类，必须征得业主委员会的理解和支持，否则难以操作实施。改造或增设生活垃圾厢房，若需投入资金，则要业主委员会同意，涉及重大事项的，还需要启动业主征询程序。

物业服务企业可在政府有关部门的指导和帮助下，制定并实施《垃圾分类小区管理规约》。管理规约作为小区内的"法规"，对于居民的日常行为具有一定的规范和约束作用。在征得2/3业主同意的情况下，将垃圾分类处置的有关内容和要求纳入管理规约，并作为正式的规定颁布实施，可以形成制度保障，实现规范运作。

（三）硬件配置，资源保障

（1）设置生活垃圾厢房。将原有的建筑垃圾厢房改造成生活垃圾厢房。

（2）合理安排投放点。投放点具体按照怎样的"密度"去设，需要根据小区空间条件、志愿者人数等因素来合理确定，而且在设置时，必须坚持便民原则，要根据小区居民原有的投放习惯及垃圾房的位置来设置。

（四）加强管理，多管齐下

日常生活垃圾的分类处置不仅是个体行为，还是一个动态过程，所以，在实施中必要的过程控制显得尤为重要。

（1）在初始阶段，组织党、团员志愿者在各投放点进行现场指导和培训。

（2）在各投放点都安排了保洁人员担任"桶长"，负责在投放时间段内，对居民准备投放的垃圾进行查看，如果发现问题，立刻加以说明并帮助其重新分类。

四、配套智能垃圾分类设施

传统垃圾分类过程中存在着许多问题，如居民的垃圾分类意识得不到提高；错误分类导致的可回收垃圾污染成为不可回收的垃圾；工作人员需要在规定的时间内监督居民正确地投放垃圾，减少分类错误；还有部分居民在非投放时间内乱扔垃圾，增加了相关人员的工作量，给管理带来不便。那么，如何使垃圾分类工作有效并高效地施行呢？作为小区业主的管家，物业服务企业可以为本小区添置配套的智能垃圾分类设施，建设好本小区的智能垃圾分类管理系统。

（一）什么是智能垃圾分类管理系统

智能垃圾分类管理系统是指依托 AI 技术、人脸识别、移动互联网、大数据、物联网等，通过信息化的手段，从垃圾分类宣传、垃圾分类投递、垃圾分类收集、垃圾分类清运、垃圾分类处理等方面着手，对垃圾分类各个环节进行智能化管理。

（二）智能垃圾分类管理系统的功能

外观上看，智能分类垃圾箱设有可回收、厨余、其他及有毒有害等投递口，上部配置触屏，顶部带遮雨盖。相比传统垃圾桶，形象要提升不少，更具科技感。垃圾箱在设计上做了密闭处理，可防止异味的散发，减少了垃圾对社区环境和空气的干扰，让社区有一个更舒适、清新的环境，如图4-2所示。

图4-2　智能垃圾分类箱

更重要的是，这些智能分类垃圾箱通过与社区的"智慧大脑"连接，可以通过人脸识别或者扫码方式进行开箱；同时，垃圾箱还会对住户分类投放的垃圾自动称重，系统在自动识别ID后进行积分。积分兑换生活用品等奖品的机制，能有效地激励居民参与到分类投放垃圾的行动中来，如图4-3所示。

图4-3　智能垃圾分类

此外，智能垃圾箱还设置了满溢报警、定位、防腐及一定等级的防水功能。物业管理人员则可以在后台查看垃圾箱设备情况，及时通知保洁人员进行清理，大大方便了物业对垃圾箱的管理与维护，提高物业管理的效率。

第二节 垃圾的收集与清运作业

一、垃圾收集流程

（一）垃圾收集工具

各种垃圾要依据不同的类型进行分开收集，要使用到各种常用的工具如垃圾桶、环卫车等。

1.垃圾桶

根据桶身不同的材质，可将垃圾桶分为不同类型，各自的性能、使用说明如表4-1所示。

表4-1 垃圾桶类型

序号	种类	具体说明
1	塑料垃圾桶	桶身为塑料，耐酸碱和水渍，但不耐日晒，且不耐碰撞
2	不锈钢垃圾桶	桶身为不锈钢材质，内胆为塑料或铁皮材质。容易清洗，但不耐强酸碱
3	钢板垃圾桶	桶身为钢板，耐日晒雨淋，耐碰撞，也容易清洁
4	玻璃钢垃圾桶	桶身为玻璃钢，耐风吹日晒，耐酸碱，耐碰撞
5	木质垃圾桶	桶身为木质，内胆为金属材质，与环境容易协调，但不耐风吹日晒

续表

序号	种类	具体说明
6	水泥垃圾桶	桶身为水泥浇筑,耐风吹日晒,固定不易被偷
7	纸浆垃圾桶	桶身为结实的可再生纸,符合环保要求
8	陶瓷垃圾桶	桶身为陶瓷,容易清洁,比较美观,但容易摔碎

2.环卫车

环卫车主要用于收集并运输垃圾桶内的垃圾,多为铁皮材质。环卫车要定期进行清洗、消毒。

(二)垃圾收集

对于分散于各垃圾桶内的垃圾,保洁人员要将不同的垃圾分类收集,以便进行装载清运,具体的操作步骤如图4-4所示。

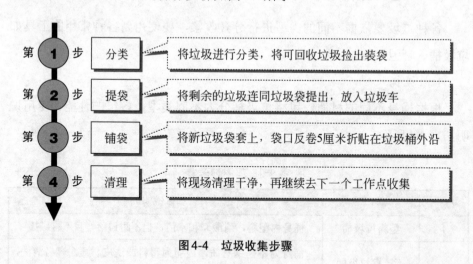

第 1 步	分类	将垃圾进行分类,将可回收垃圾捡出装袋
第 2 步	提袋	将剩余的垃圾连同垃圾袋提出,放入垃圾车
第 3 步	铺袋	将新垃圾袋套上,袋口反卷5厘米折贴在垃圾桶外沿
第 4 步	清理	将现场清理干净,再继续去下一个工作点收集

图4-4 垃圾收集步骤

二、垃圾箱的清洁

对各种垃圾收集后,要及时将各垃圾箱清洗干净。在清洁时要使用到刮刀、铁刷、清洁剂等必要用具。如图4-5所示介绍钢板垃圾桶的清扫流程。

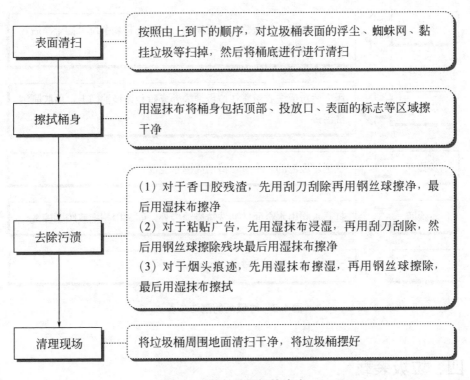

图4-5 钢板垃圾桶的清洁

？小提示

垃圾桶清洁要领基本一致，对于不同材质略有不同。如塑料垃圾桶、玻璃钢垃圾桶表面的顽固污渍不能用钢丝球或铁刷，只能用抹布多次擦拭。对于不锈钢垃圾桶不能用强酸或强碱清洁剂，只能使用中性清洁剂，再用抹布擦拭干净。

三、垃圾场清洁

对于小区内的垃圾场，在清洁时可按图4-6所示的步骤进行。

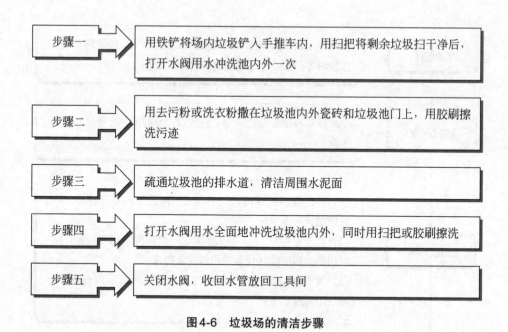

图4-6 垃圾场的清洁步骤

步骤一：用铁铲将场内垃圾铲入手推车内，用扫把将剩余垃圾扫干净后，打开水阀用水冲洗池内外一次

步骤二：用去污粉或洗衣粉撒在垃圾池内外瓷砖和垃圾池门上，用胶刷擦洗污迹

步骤三：疏通垃圾池的排水道，清洁周围水泥面

步骤四：打开水阀用水全面地冲洗垃圾池内外，同时用扫把或胶刷擦洗

步骤五：关闭水阀，收回水管放回工具间

四、垃圾装载

将各种垃圾收集后，要将其集中转移到垃圾车上，再集中存放在垃圾处理场。具体在存放时应注意以下事项：

（1）所有垃圾集中堆放在堆放点，做到合理、卫生，四周无散积垃圾。

（2）可作废品回收的垃圾，要另行放置。

（3）按要求做好垃圾袋装化，即将各种垃圾都以袋子装好以便清运。

五、垃圾清运

（一）清运作业要点

保洁人员在协助垃圾回收部门清运垃圾时，应注意以下事项：

（1）各种垃圾应采取封闭方式转运，尽量不要敞开。

（2）运输垃圾要尽量选择适宜的道路和时间，避开上下班高峰期。

（3）在清除垃圾时，不能将垃圾散落在地面上。

（4）清运垃圾时不能装载太满，各种装有垃圾的袋子要检查不能有漏洞。

（5）要注意安全，不能将纸盒箱从上往下扔。

（二）清洁要求

在协助做好清运后，要将垃圾房清理干净。保洁人员要用洗洁精冲洗垃圾中转站内的地面和墙面，并用喷雾器喷"菊酯类"药水等消毒剂对垃圾房周围消杀。清洁后要达到图4-7所示的要求。

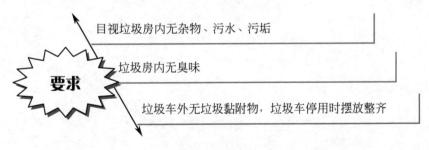

图4-7 垃圾房清洁要求

✖ 学习回顾

1.垃圾可分为几类？各类主要包含哪些？

2.如何做好垃圾分类宣传？

3.垃圾收集的步骤是什么？

4.清运垃圾时要注意哪些事项？

✎ 学习笔记

_____

_____

_____

_____

_____

第五章 物业虫害防治与消杀作业

🎯 **本章学习目标**

1. 了解虫害防治的常识。
2. 了解消毒作业的常识。
3. 了解灭杀作业的常识。

第一节 虫害防治作业

一、常见害虫种类

物业小区常见的害虫有以下几类。

（一）昆虫类

蛾幼虫、臭虫、虱子、跳蚤、苍蝇、蟑螂、甲虫、鱼虫、螨虫、蜘蛛、蚂蚁、蚊子等。

（二）啮齿类

主要是老鼠。

二、蚂蚁的防治

蚂蚁的危害主要包括两方面内容：一是因为食害和污染所造成的经济损失；二是传染多种疾病，危害人体健康所导致的间接损失。

防治时要以环境卫生预防为基础，化学防治为重点，辅以其他的各种有效的防治方法，才能收到良好的效果。具体防治方法如表5-1所示。

表5-1　蚂蚁的防治方法

序号	方法	详细说明
1	化学防治	（1）使用药饵诱杀，要选择一种适口性好的、驱避作用强的化学药剂制成药饵，如氯丹、硼酸、烯虫酯、灭蚁灵等 （2）在诱杀时可以进行灌堵蚁穴或喷雾灭蚁的方式进行
2	物理防治	家庭居室内常采用机械捕打，开水淋烫；大葱、姜、蒜驱避；挖蚁巢、堵塞缝隙等方法灭蚁
3	环境卫生的预防	保持清洁卫生，不乱丢食品残渣，物品摆放要整齐有序，清除废旧食品包装盒箱

三、蟑螂的防治

蟑螂除盗食食物、损坏衣物、书籍等造成经济损失外，更主要的危害是传播疾病。具体防治时可依表5-2方法进行。

表5-2　蟑螂的防治

序号	方法	详细说明
1	滞留喷洒	（1）使用药品，以悬浮剂为主，在墙体结构缝隙、公共区域等场所进行 （2）在第一次喷洒或蟑螂密度较高的情况下，可以在较短时间内迅速降低处理场所的蟑螂密度（第一次喷洒即可使密度降低80%以上）

续表

序号	方法	详细说明
2	胶饵	是进行蟑螂防治所选用的主要剂型，药效长达数月、效果显著，但对蟑螂的杀灭速度相对滞留喷洒慢
3	颗粒剂	（1）将诱饵隐蔽地布放在蟑螂出没的地方，不影响卫生和美观 （2）药效作用虽慢，但持效期很长，在干燥的环境里能保持两三个月的药效，可以补杀漏网及新滋生的蟑螂 （3）可与胶饵配合使用，主要用于办公区域、酒吧、食品库房、厨房操作间及其他高卫生要求场所
4	粉剂	在不能喷洒且干燥的环境，可用粉剂处理，但需要注意避免可能的粉尘污染。主要用于供电和供暖设备内部的蟑螂防治
5	烟雾剂	可对不便喷药或采取其他措施的地下管道、污水井、杂品库房（有密闭条件）等环境内蟑螂密度较高的区域选用烟雾剂熏杀
6	粘蟑板	（1）放在蟑螂出没的地方，既可用来监测蟑螂密度，也可用来捕杀蟑螂 （2）无毒无味，使用安全，强力黏着，效果好。可单独使用也可配合粘蟑螂屋使用

❓ 小提示

在选择药品时，必须使用经国家药监部门登记注册，经卫生部门许可的药剂，同时符合国际通行惯例，并根据不同的环境和虫情，选用不同的药剂和施药方法，以速效和长效药剂相结合，以达到优良的防治效果。

四、蚊子的防治

蚊子不仅可以刺吸人血，而且还传播多种严重的疾病，因此其防治很重要。蚊类防治的基点始终是围绕如何控制、消除滋生地展开的，一般药物消灭成蚊只是辅助性的措施。具体防治时可依表5-3所示方法进行。

表5-3　蚊子的防治

序号	方法	详细说明
1	环境治理	尽可能清除蚊类滋生地，做好日常的保洁卫生，尽量将其清除在萌芽状态
2	物理防治	主要采用各种工具或设备进行，如纱窗、灭蚊灯等
3	化学防治	（1）室内防治时，使用的方法主要有滞留喷洒、空间喷洒和蚊香以及灭蚊片的使用 （2）室外防治时，一般多采用手提式或车载式超低容量器械开展室外空间灭蚊处理。在狭窄的城区，可以用手提式热烟雾机作热烟雾处理；如果是空旷地带，多使用车载式热烟雾机进行处理

❓ 小提示

在使用药剂进行喷洒或喷雾灭蚊时，一定要做好安全防护措施，而且施药时户内不应有人停留，户外喷药时应关闭门窗。

五、苍蝇的防治

苍蝇也是一种有害生物，极易传播各种疾病，对其防治主要从滋生地、蝇蛆和成蝇三方面实施综合防治，具体的防治措施如表5-4所示。

表5-4　苍蝇的防治

序号	方法	详细说明
1	环境治理	（1）将各种垃圾及时清除处理，做到日产日清、收集袋装化、运输密闭化、处理无害化 （2）做好日常的保洁卫生，及时清除苍蝇的滋生环境
2	物理防治	（1）使用各种防蝇设施，如纱门、纱窗和风幕等 （2）使用灭杀工具，如灭蝇拍、电击灭蝇器、粘蝇纸等
3	化学防治	使用化学杀虫剂如有机磷和菊酯类制剂，品种虽然较多，但多为气雾剂以及毒饵等

六、鼠害的防治

老鼠既破坏各种物品，又传播各种疾病，因此对于其灭杀是重点内容，具体防治时可依表5-5所示方法进行。

表5-5　鼠害的防治

序号	方法	详细说明
1	环境治理	（1）封堵好所有鼠类可能进入建筑物内的通道 （2）破坏外部环境中鼠类的栖息场所，及时做好环境卫生
2	物理防治	使用器械如粘鼠板、捕鼠夹、捕鼠笼等
3	化学防治	（1）使用灭鼠药剂，如各种杀鼠剂、颗粒剂毒饵 （2）配合相关的设备如鼠饵盒、标志旗或其他标志

第二节　消毒作业

除了做好物业保洁日常的清扫、清洁外，保洁员还必须掌握一定的消毒知识及操作，以便维持区域的干净、卫生。

一、常用的清毒方法

物业在保洁工作中，常用的消毒方法主要有以下几种。

（一）擦拭法

（1）主要针对表面区域进行，包括公共区域的地面、墙壁、电梯，以及经常使用或触摸的物体表面如门窗、桌椅、门把手、水龙头等。

（2）用按比例配好的消毒液拖擦或擦拭，每天至少1次。

（3）要按照从上至下，从左至右的顺序，时间为30～60分钟。

（二）喷洒法

1.喷洒措施

（1）主要针对垃圾房、垃圾桶、公共卫生间、楼梯等处消毒。

（2）将喷洒药品按要求进行稀释，注入喷雾器里，在区域进行来回消毒。

2.注意事项

使用喷洒法进行消毒时，必须注意图5-1所示的事项。

事项一	做好安全防护，如穿戴好防护衣帽、口罩等
事项二	作业时尽量在人少的时候进行，不可在人员出入高峰期喷药
事项三	小区楼层消毒工作应避开业主休息时间进行，并提前告知业主注意事项
事项四	喷洒药液时，不能将药液喷洒在扶手或门窗上，更不能喷洒到小动物可以舔舐的地方
事项五	作业完成后，要用肥皂洗手，并更换衣裤

图5-1 喷洒注意事项

二、消毒药剂稀释

在进行消毒时，都要依据相应的浓度进行兑水稀释，以保证安全和有效。具体的稀释比例、容器及保存方法如表5-6所示。

表5-6　消毒药剂稀释事项

序号	主要事项	具体说明
1	稀释比例	（1）一般性空气消毒比例为1∶200，消毒清洁用具比例为1∶100 （2）去污并消毒的稀释比例为1∶50，病毒性消毒的稀释比例为1∶25
2	稀释容器	使用量杯或水桶来稀释，水桶放入适宜的水，用量杯取一定用量的消毒液倒入水桶，搅拌后使用
3	药剂保存	（1）要保存好原始药剂，最好置放于阴凉、干燥的区域 （2）在需要使用时再稀释原液，要现用现配

❓ **小提示**

消毒液的稀释一定要视具体的区域大小、药剂的消毒效果等进行综合确定，且在稀释时要先倒水再倒药剂，绝不能颠倒顺序。

三、卫生间消毒

卫生间必须每天清洗消毒，并将消毒放在最后进行。在具体作业前要准备好洁厕剂、84消毒液、胶手套、口罩、拖把、抹布、刷子等必要的用具，具体的操作步骤如图5-2所示。

四、垃圾桶消毒

垃圾桶必须每天进行消毒，具体的操作步骤如图5-3所示。

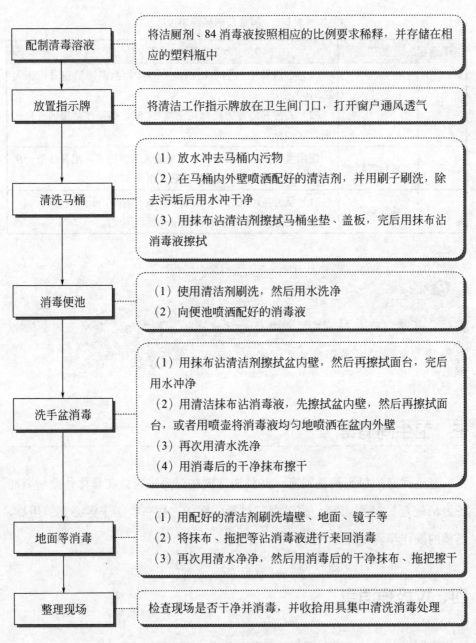

配制清毒溶液 —— 将洁厕剂、84消毒液按照相应的比例要求稀释，并存储在相应的塑料瓶中

放置指示牌 —— 将清洁工作指示牌放在卫生间门口，打开窗户通风透气

清洗马桶 ——
（1）放水冲去马桶内污物
（2）在马桶内外壁喷洒配好的清洁剂，并用刷子刷洗，除去污垢后用水冲干净
（3）用抹布沾清洁剂擦拭马桶坐垫、盖板，完后用抹布沾消毒液擦拭

消毒便池 ——
（1）使用清洁剂刷洗，然后用水洗净
（2）向便池喷洒配好的消毒液

洗手盆消毒 ——
（1）用抹布沾清洁剂擦拭盆内壁，然后再擦拭面台，完后用水冲净
（2）用清洁抹布沾消毒液，先擦拭盆内壁，然后再擦拭面台，或者用喷壶将消毒液均匀地喷洒在盆内外壁
（3）再次用清水洗净
（4）用消毒后的干净抹布擦干

地面等消毒 ——
（1）用配好的清洁剂刷洗墙壁、地面、镜子等
（2）将抹布、拖把等沾消毒液进行来回消毒
（3）再次用清水净净，然后用消毒后的干净抹布、拖把擦干

整理现场 —— 检查现场是否干净并消毒，并收拾用具集中清洗消毒处理

图5-2 卫生间消毒作业步骤

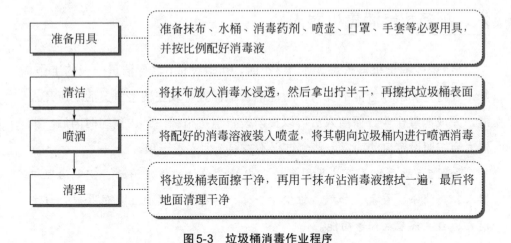

图5-3　垃圾桶消毒作业程序

五、清洁用具消毒

清洁用具也需要定期消毒，但在清毒之前所有的物品必须是清洁干净的。清洁用具消毒的要点如图5-4所示。

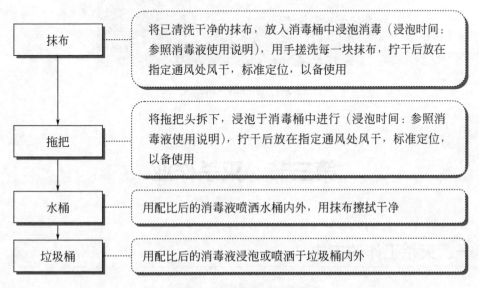

图5-4　清洁用具消毒要点

六、配备智能消毒机器人

1台智能消毒机器人每天工作3小时，可以完成6名保洁员一天的工作。基于在行走和群体智能的优势，智能消毒机器人可以在楼宇里灵活地避开人群，完成消毒作业。保洁人员可以提前设置消毒路线，到达预约时间后，机器人会按照设定自动消毒，整个过程不需要任何人工干预。

如图5-5所示的是万洁集团专为室内场景设计的防疫消杀、空气治理机器人，集消杀、香氛、加湿、推尘于一体，具备高精度自主定位导航、自主消毒、自主搭乘电梯等功能。

图5-5 防疫消杀机器人

第三节 灭杀作业

一、灭杀工作的安排

对于前述的各种有害生物，必须要定期进行灭杀。

（一）昆虫类灭杀

前述的蟑螂、蚂蚁、蚊子、苍蝇等都属于昆虫，其具体的灭杀工作如下所述。

（1）时间安排。一般每天都应进行一次灭杀工作，在夏秋季节可以增加灭杀数。

（2）灭杀区域。以下区域进行灭杀：

① 各楼宇的梯口、梯间及楼宇周围。

② 会所及配套的娱乐场所。

③ 办公室。

④ 公共卫生间、沙井、化粪池、垃圾箱、垃圾房等室外公共区域或公用物件。

⑤ 员工宿舍和食堂。

（3）灭杀药物。灭杀药物一般用列喜镇、灭害灵、家虫清、菊酯类喷洒剂等。

（4）灭杀要点。灭杀方式以喷药触杀为主，操作人员要穿戴好防护衣帽，将喷杀药物按要求进行稀释，注入喷雾器里，对不同的区域进行喷杀，并注意以下事项：

① 在楼内喷杀时，注意不要将药液喷在楼梯扶手或住户的门面上。

② 在员工宿舍喷杀时，注意不要将药液喷在餐具及生活用品上。

③ 在食堂喷杀时，注意不要将药液喷在食品和器具上。

④ 不要在客人出入高峰期喷药。

❓ 小提示

办公室、会所娱乐配套设施的虫害灭杀工作应在人少时进行，并注意关闭门窗，将药液喷在墙角、桌下或壁面上，严禁喷在桌面、食品和器具上。

（二）灭鼠工作

1.时间安排

灭鼠工作每月应进行两次，在灭鼠前应该向小区内的业户广而告之，发出相应的通知。

2.灭鼠区域

对各楼宇、别墅、员工宿舍、食堂、会所及其他常有老鼠出没的区域进行灭杀。

3.灭鼠方法

主要采取投放拌有鼠药的饵料和粘鼠胶的方法。

4.饵料的制作

（1）将米或碾碎的油炸花生米等放入专用容器内。

（2）将鼠药按剂量均匀撒在饵料上。

（3）制作饵料时，作业人员必须戴上口罩、胶手套，禁止裸手作业。

5.饵料投放要点

饵料的投放如图5-6所示，要点主要包括以下：

（1）先放一张写有"灭鼠专用"的纸片，将鼠药成堆状放在纸片上。

（2）尽量放在隐蔽处或角落、小孩拿不到的地方。

图5-6 投放鼠药

（3）禁止成片或随意撒放。

（4）投放鼠药必须在保证安全的前提下进行，必须挂上明显的标志。

6.清理工作

在灭杀作业完毕，应将器具、药具统一清洗保管。在一周后，撤回饵料，在此期间注意捡拾死鼠，并将数量记录在表中。

（三）灭杀工作的管理与检查

灭杀工作的管理与检查内容如下：

（1）灭杀工作前，必须详细地告诉作业人员应注意的安全事项。

（2）将每次检查灭杀工作的进行情况记录在每天的工作日记中。

（3）现场跟踪检查，确保操作正确。

（4）应每月会同有关人员按检验方法和标准对灭杀工作进行检查，并如实填写好"灭杀服务记录表"。上述资料由部门归档保存一年。

二、灭杀工作安全管理

在灭杀服务的实施过程中，要首先考虑安全性。在灭杀服务的方案中，要紧紧把握以下几个方面：

（1）所选用的药剂和器械可以达到最高的杀灭效果；同时保证对人类和其他的动植物及环境的危害是最低的。

（2）对参与实施灭杀服务的员工必须进行灭杀理论和实际操作的培训和考核，让其做到了解国家、地方、公司对灭杀的有关规定，了解灭杀药剂和器械的性能，并且会熟练操作灭杀器械以及正确使用灭杀药剂。

（3）在实施灭杀服务前，操作人员应检查灭杀剂、灭杀器械与灭杀方案是否一致；灭杀药剂的出厂日期、保质期是否与灭杀方案的要求一致；灭杀器械是否完好、能否正常使用等。

（4）灭杀药剂的运输应有安全措施，保证不散落、不溅出、不丢失、不污染环境。如出现紧急情况，有处置办法和急救措施。

（5）操作人员必须安全着装，防护装备包括硬边帽、眼镜、护目罩或全面部的防护罩，抗化学药品的安全鞋、胶手套及胶袋。

（6）对已实施的灭杀服务，应做好详细的记录。记录内容包括灭杀药剂；灭杀器械；施药方式、时间、地点；被灭害虫的种类、数量；安全运输的方式；操作人员的安全着装及服务登记。这些详细记录的妥善保存，可以使今后的害虫综合防治有据可查。

（7）对化学药品剩余物（包装器皿、包装袋箱、废旧器械、破旧安全服装）的丢弃，要在对其给予彻底清洗的情况下进行；同时要在指定的地点进行销毁，并做好销毁记录。

学习回顾

1. 物业小区常见的害虫有哪些？

2. 如何防治蚂蚁？

3. 如何防治老鼠？

4. 如何稀释消毒药剂？

5. 如何对垃圾桶进行消毒？

6. 如何保证灭杀作业的安全？

学习笔记

_____

_____

_____

_____

第六章 物业保洁安全防范

⚙ **本章学习目标**

1. 了解引发保洁安全事故的常见原因。
2. 掌握安全事故的预防措施。
3. 掌握安全事故的应急处理。

第一节 引发安全事故的原因

一、人为因素

在保洁工作中发生的事故许多是人为因素，主要表现在保洁员违章操作和违反劳动纪律两个方面。

（一）违章操作

违章操作的主要表现如图6-1所示。

（二）违反劳动纪律

不遵守规章制度的行为，就是违反劳动纪律，表现如图6-2所示。

表现一　不按规定穿戴和使用劳动防护用品。在作业过程中，赤脚或穿拖鞋、凉鞋，进行高空洗墙壁作业时不系保险带，消毒时不戴口罩和手套等

表现二　不按操作规程、工艺要求操作设备。如擅自在吸尘器、洗地机等机器运转时进行加油、修理、检查、调整、和排除故障等工作

表现三　不执行规定的安全防范措施，对违章指挥盲目服从。如带电操作，不设安全防护栏等；超负荷加班加点，疲劳工作

表现四　擅自动用未经检查、验收、移交或已查封的设备和车辆，以及未经领导批准而随意动用非本人操作的设备和车辆

表现五　对易燃、易爆、剧毒物品，不按规定进行储运、收发和处理

表现六　发现设备或安全防护装置缺损、失灵，不向安全管理人员和领导反映，继续冒险操作。或者自作主张将安全防护装置弃之不用，甚至随意拆除

图6-1　违章操作的主要表现

表现一　上班迟到、早退，中途离岗；上班时间干私活、办私事、聚集闲谈、嬉戏、睡觉、看电视、玩手机等出工不出力现象

表现二　工作中不听从管理者的安排，不听从指挥；无理取闹，纠缠领导，影响正常工作

表现三　聚众闹事、打架斗殴，酗酒肇事

表现四　不遵守劳动纪律和操作规程，如不按规定携带工具、设备等

图6-2　不遵守规章制度的行为表现

二、客观因素

保洁工作中发生的事故，除了人为因素外，还有一些客观因素，具体如表6-1所示。

表6-1　造成事故发生的客观因素

序号	类别	具体内容
1	设备、设施、工具、附件本身存在缺陷	（1）设备功能上有缺陷，机械装置、用具配置有缺陷 （2）设备带"病"运转，超负荷运转 （3）设备、设施、工具等强度不够，有故障未及时修复
2	防护设施、安全装置的缺陷	（1）各种清洁设备未接地或绝缘不良 （2）实施高空作业时，安全绳、吊板等有破损等
3	工作场所的缺陷	（1）没有安全通道，工作场所间距太小，不符合安全的要求 （2）物件堆置的方式或放置的位置不当等 （3）乱接电线，将生活用品堆放在工作场所 （4）乱丢垃圾及烟头
4	作业环境、防护用品、用具的缺陷	（1）作业环境的道路、交通不畅，照明太暗或太亮，通风换气差、噪声大 （2）必备的劳动防护和消防、急救的用品、用具缺失 （3）作业用品、用具的具体使用和操作的规定说明缺失

第二节　安全事故的预防措施

一、加强技能培训

操作规程和质量标准的执行需要提高保洁员工的素质，而提高素质的重要途径是培训。

培训的目的是为了让保洁员工具备工作需要的知识和技能以及服务意识，并能正确执行公司的质量管理措施、安全管理措施。

（一）培训的要求、形式和重点

物业保洁员工的培训，包括入职培训、清洁专业知识培训、物业管理专业知识培训、服务意识培训以及质量标准培训等。

不同的物业服务企业因清洁面积、管理运作模式及环境质量要求不同，对员工培训的要求、形式和重点也有所不同。如在完全自主管理模式下，培训重点除了入职培训外，还包括所有日常使用的清洁管理技术技能和质量标准培训，以及员工服务意识的培训、操作安全的培训等；而对于外包模式来说，除了入职培训外，重点应该是管理质量标准的培训、质量监控方法的培训等。

（二）员工入职培训

对新加入公司或加入保洁部门的员工，无论是否从事过该项工作，也无论是否掌握清洁管理工作的技术技能，为了确保公司管理质量规范统一及操作安全规范，让员工尽快熟悉自己的工作岗位及公司的情况，均应进行入职培训。培训的内容包括介绍公司情况、公司规章制度、公司及部门运作方式、岗位工作内容及工作方法等。

新进员工入职的第一天，保洁领班或相关领导应向他们介绍公司的基本情况、部门的基本运作程序，并带领他们熟悉工作环境。

第二天，由部门主管培训学习公司的规章制度、安全知识、岗位责任、员工服务标准、奖罚规定等。该项工作也可由物业保洁公司负责培训的人员或相关领导进行。

第三天，由领班及操作技术员，结合岗位实际工作，进行常规技术培训。

从第四天起，轮岗培训。由主管安排到各相关岗位，由原岗位的老员工进行以老带新的岗位实际操作培训。每个岗位可进行数天，以熟悉各岗位的工作情况。轮岗结束后进行理论与操作考试。不合格的辞退，合格的根据实际能力定岗，由主管填写新员工情况报告，并上报公司领导及人力资源部。

（三）物业管理知识的培训

1.培训的参与人员及内容要求

全体保洁管理员工应参加由公司统一安排的专项物业管理知识培训及物业管理质量、管理体系知识培训，确保公司的质量管理体系在保洁管理部门得以实施。

2.培训频次及时间

物业管理知识的培训至少每半年安排一次，每次培训时间不少于两个小时。

3.培训考核

员工经培训后参加由公司统一举办的考核，主要保洁管理人员应参加省市有关的物业管理培训并持证上岗。

（四）自主管理模式下的专业知识培训

在自主管理模式下，物业服务企业应对负责保洁管理的员工进行充分的清洁专业知识培训。

1.培训内容

培训的内容如表6-2所示。

表6-2　专业知识培训内容

序号	项目	培训内容
1	常用清洁设备的使用及日常保养	（1）现场操作示范及其他相关配件的使用知识 （2）各种清洁设备的日常保养注意事项
2	常用清洁剂的分辨及使用方法	（1）清洁剂的颜色、气味、性能、使用方法 （2）使用清洁剂注意事项
3	室内公共区域清洁	（1）室内公共区域的清洁频率、清洁方法 （2）垃圾的收集处理
4	室外公共区域清洁	（1）公共区域的清洁频率、清洁方法 （2）外包服务的质量要求

续表

序号	项目	培训内容
5	地面清洁保养	（1）地板日常保养的注意事项 （2）地板清洁的频率及操作程序
6	高空操作	（1）高空清洗的条件、方式、操作程序 （2）高空作业安全检查
7	消杀服务	（1）灭虫的频率 （2）消杀的区域 （3）药物的使用与保管
8	安全操作	（1）清洁机械安全操作的方法与注意事项 （2）安全方面的相关清洁作业规程
9	其他保洁知识	（1）保洁工作顺序 （2）保洁工作技巧 （3）保洁的注意事项

2.培训频率

全面的清洁专业知识培训，每月至少进行一次，并要确保培训质量；物业清洁知识培训至少每年举行一次，时间由公司统一安排；对骨干管理人员和技术人员的培训应每周进行一次，并且可以采用总结或针对管理中出现的问题的方式进行，以此加强主要管理人员和技术骨干的管理意识与服务意识。

二、做好安全防护

预防安全事故，不仅要从知识技能的学习着手，更应采取具体的措施进行防护。如表6-3所示对常见的安全防护措施进行简要说明。

表6-3 保洁员的安全防护措施

序号	基本措施	具体说明
1	安全使用化学品	尽量使用低毒或无毒的清洁剂。所有盛装化学品的容器，都应贴上标签，说明危害性和防护方法

续表

序号	基本措施	具体说明
2	正确选用工具	（1）应选用较轻便的工具，如果工具或工具连同承载物较重，应能让操作人员同时使用两手操作 （2）工具和手部接触处应没有尖锐或突出的部分，但接触处也不能太光滑，以免工具滑脱
3	使用劳动防护用品	保洁员经常接触化学清洁剂及垃圾等。因此应该穿戴合适的个人防护用品，如手套、安全工作胶鞋、防尘口罩等

三、谨记安全需知

（1）牢固树立"安全第一"的思想，确保安全操作。

（2）如需推车，需用双手推动以保证安全。

（3）如需向高处取物品需用阶梯。

（4）工作区域地面如有湿滑或油污应立即抹去以防滑倒。

（5）在使用机器时，禁止用湿手接触电源插座，以免触电。

（6）尽量将笨重物品放置在较低的位置，方便取用。

（7）当搬运笨重物品于工作车上时，物品高度切勿阻碍推车人视线。

（8）如鞋底过分平滑时必须更换。

（9）不要将燃烧的香烟弃于垃圾筒内。

（10）不可将手直接伸进垃圾筒或垃圾内，以防碎玻璃刀片刺伤手部。

（11）穿着和体的工作服上岗，以免工作过程中造成不便。

（12）清理碎玻璃或碎瓷片时，需用笤帚、垃圾铲清除，切勿直接用手。

（13）当高空抹尘、地面打蜡、擦拭地面时，必须放置温馨提示牌。

（14）公共区域、走廊或楼梯，如照明不足须立即向相关人员汇报。

（15）不稳的桌椅不要使用，并尽快报修。

（16）在玻璃饰品集中的区域设立温馨提示，以防他人不慎撞伤。

（17）在公共区域放置工作车或洗地机、吸尘器等清洁工具及设备时应尽量放置路旁，并注意电源线的位置，以防绊倒业主或员工。

（18）用机器清洗地面或地毯时，要留意是否弄湿插头、电线，小心触电。

（19）保洁员用升降平台进行高空擦拭时，必须系好安全带，并把升降平台的支脚放平锁定，然后方可作业。

（20）使用有毒害药水时，必须严格按照各种有毒物品管理和使用制度操作。

（21）使用清洁设备前，需先检查线路是否破损。如破损应及时通知相关人员检修，维修完成后方可使用。

（22）在不会使用机器时，不得私自开动机器，以免发生意外事故。

（23）在公共场所或隐蔽部位发现可疑包裹时，请不要私自打开包裹的拉链或移动包的位置。应立即向保洁负责人及相关部门报告。

（24）清洁功能房时，要注意（配电柜、机械接线端子）断电、穿绝缘鞋、戴绝缘手套、用干毛巾清洁。

四、遵守操作规程

安全操作规程，是要求员工在日常工作中必须遵照执行的一种保证安全的规定程序。忽视操作规程在生产工作中的重要作用，就有可能导致出现各类安全事故，给公司和员工带来经济损失和人身伤害，严重的会危及生命安全，造成终身无法弥补遗憾。因此，物业服务企业应制订相应的操作规程，要求保洁人员严格遵守，以确保安全作业。

下面提供一份××物业公司的安全防范操作规程的范本，仅供参考。

范本

安全防范操作规程

1.目的

为了保障员工的安全，防止发生伤亡事故，达到安全生产的目的。

2.适用范围

适用于公司居住物业全体保洁员。

3.职责

3.1 保洁人员在清洁工作中做好自身及业主的安全防护。

3.2 保洁负责人对保洁员进行安全防范内容的培训。

4.工作程序

4.1 高空作业安全规程。

4.1.1 高空作业前安全检查。

4.1.1.1 员工身体健康，无高血压、心脏病、癫痫病、恐高症病史、视力良好，作业前精神状态良好。情绪正常，无感冒、头晕等不适症状，作业前严禁饮酒，不吃控制性药物等。

4.1.1.2 服饰要求：裤脚、袖口要扎紧，衣服纽扣完全扣好，手套为五指薄型手套；安全帽为紧口式；不准穿带跟鞋或硬底鞋，必须穿防滑鞋，身上不佩戴钥匙及任何硬物。

4.1.1.3 安全带是否破损，如有必须更换。

4.1.1.4 安全带与牢固件的绳结有否松脱，如有应重新打结。

4.1.1.5 安全带的结点是否牢固，如不牢固应更换绳索结点。

4.1.1.6 检查绳索与建筑物接触是否牢固。

4.1.1.7 检查梯子零件是否有松动，如有应修好再作业。

4.1.2 地面的安全防护。

4.1.2.1 地面应设置行人护栏或警戒线、挂上警示牌，以警示行人绕开行走。禁行区内的路面铺上防护措施，以保护地面不被污染。

4.1.2.2 楼宇周围如有绿化带，除设置护栏，挂上警示牌外，应对绿化带采取防护措施以防毁坏绿化带。

4.1.3 注意事项。

4.1.3.1 拿牢手中的作业工具，防止掉落。

4.1.3.2 严禁在操作时相互传递工具或投掷物品。

4.1.3.3 注意墙体附着物，避免碰伤自己。

4.1.3.4 监控人员监控到位，严禁离开现场。

4.1.3.5 2.5米以上为高空作业，操作时必须有监控人员，不能一人操作。

4.1.4 禁止事项。

4.1.4.1 安全带和清洁工具没有检查禁止操作。

4.1.4.2 单梯上不允许两人或两人以上同时作业。

4.1.4.3 没有现场监护人员，禁止操作。

4.1.4.4 禁止带电作业（擦拭灯具）。

4.1.4.5 禁止作业时聊天说笑、接打电话。

4.1.4.6 风力超过6级或气温超过35℃；暴雨、打雷、大雾天气禁止作业。

4.1.4.7 高空作业工作全部完毕，应检查、清点所有使用的工具和清洁剂以免落在现场，对他人造成伤害；清洁现场保持干净。

4.2 乘坐电梯安全规程。

4.2.1 电梯超载很危险。报警时，禁止乘坐。

4.2.2 禁止用身体（物品）顶着电梯门。当电梯门即将关闭时，不要强行进入电梯或阻止电梯关门，造成意外发生；切忌一只脚在内一只脚在外停留。

4.2.3 不要随便按应急按钮。应急按钮是为了应对意外而设置的，电梯正常运行时不要按动，否则会带来不必要的麻烦。

4.2.4 电梯门没有关上或关严就运行，说明电梯发生故障。这种情况下不要乘坐，要及时向维修人员报告。

4.2.5 乘坐扶梯时，禁止把扶手当作滑道滑送抹布等物品。

4.2.6 维修中的电梯禁止乘坐。

4.2.7 发生火灾、地震、跑水时禁止乘电梯逃生。

4.2.8 电梯运行中意外坠梯时不要惊慌。首先把电梯每一层的按键全部按下，其次固定自己的身体紧贴电梯内壁作为脊柱的保护，膝盖弯曲减轻承受重击压力，有扶手的地方要用手抓住。

4.2.9 被困电梯时，电梯内有报警电话应立即按响报警或敲门等待救援。

4.2.10 进出电梯时须观察电梯是否停稳，注意电梯轿厢地板和楼层地面是否水平。如果不平，说明电梯存在故障，应及时通知相关部门进行检修。

4.3 清洁剂使用安全规程。

4.3.1 清洁剂分为碱性、酸性、中性，使用前必须看清其性质、适应范围，方可根据实际情况使用清洁剂。

4.3.2 根据其说明书按要求进行稀释，稀释后方可使用。切勿将浓度较高的清洁剂直接用于物体表面，以免造成损坏。

4.3.3 使用时操作人员要戴好胶手套，避免清洁剂对皮肤的伤害。

4.3.4 如不小心弄到皮肤上或眼睛里，应急时用大量清水冲洗，情况严重的除冲洗外应及时送到医院治疗。

4.3.5 装清洁剂的容器要粘贴好标识，做好出入库管理，使用时与使用后不能乱扔乱放。

4.3.6 加强清洁剂安全使用的培训，让每一位员工了解和掌握使用方法，提高安全防范意识。

4.3.7 使用清洁剂前必须养成看使用说明书的习惯，严格按照正确配置比例使用，避免安全事故发生。

4.3.8 强酸、强碱清洁剂有很强的腐蚀性、挥发性，属于易燃易爆物品，应单独划定区域进行储存。

4.4 保洁员用电安全规程。

4.4.1 不准随意拆卸电器设备。

4.4.2 经常接触和使用的配电箱、配电板、按钮开关、插座、插头以及电线等必须保持完好，不得有破损。如发现损坏情况及时上报相关人员。

4.4.3 严禁私拉乱接电线，不允许将电器设备电源线直接插入插座内。

4.4.4 使用电器时应把开关或插排固定不要拖拉使用，防止漏电伤人。

4.4.5 严禁使用检修中的机器设备。

4.4.6 在雷雨、风雪天气不要接近高压电杆、铁塔、避雷针等20米内，以免雷击时发生触电。

4.4.7 发生电器火灾时立即上报，用黄沙、二氧化碳等干粉灭火器材灭火。切不可用有导电危险的水或泡沫灭火器灭火。

4.4.8 打扫卫生、擦拭电器设备时，切断电源。严禁用水冲洗或用湿布去擦拭，也不能用湿手和金属物开电器开关。

4.5 保洁员交通安全规程。

4.5.1 上下班必须遵守交通规则、交通法，听从交警指挥。

4.5.2 步行上下班人员，必须在人行道内行走，注意避让车辆。

4.5.3 横过马路时要走人行横道或过街天桥、地下通道；在设有人行横道、信号灯的地方，要严格遵守信号行走；在没有划设人行横道的地方要左右查看，注意来往车辆，不要横穿、猛跑。

4.5.4 不要在道路上进行聚集、聊天、追车、强行拦车等有碍交通安全的活动。

4.5.5 骑自行车、电动车、摩托车上下班人员，严格遵守交通法规。做到右侧通行、不逆行、不闯红灯、不超速行驶。

4.5.6 开车上下班的员工必须遵守交通规则，减速慢行，不闯红灯，不做酒后驾车或接打电话等禁忌行为。

4.5.7 冬天路滑或大雪天气，尽量乘坐公共交通出行，确保安全。

4.5.8 冰雪天气坐公交车的员工，上下车时做到稳上、慢下，避免滑倒。

4.5.9 上早班或下晚班的员工要注意人身安全。禁止身上带有贵重物品或金银首饰，不走偏僻没有路灯的小路，女员工最好能搭伴或家人接送。

4.6 扫雪安全规程。

4.6.1 清雪时一定要穿防滑鞋，戴好帽子、手套，注意保暖。

4.6.2 在出入口铺好地垫并设置"小心地滑"温馨提示牌。

4.6.3 清雪时不要打闹玩耍，防止自己或他人摔伤。

4.6.4 正确使用清雪工具。

4.6.5 清理屋顶、高空积雪远离边缘，注意安全防范。

4.6.6 融雪剂不得乱用，有融雪剂的雪不得堆放到绿化带，以免伤害绿植。

4.6.7 堆放积雪一定要及时清理到指定位置，以免影响美观或融化滑倒行人。

4.6.8 使用清雪设备时，一定要检查机器零部件是否能正常使用。

4.7 恐怖爆炸事件发生时注意事项。

4.7.1 镇静，尽快撤离，避免进入有易燃易爆品的危险地点。

4.7.2 不盲目跟从人群逃离。

4.7.3 寻找有利地形地物隐蔽。

4.7.4 不要因顾及贵重物品而浪费逃生时间。

4.7.5 按照指挥及时撤离现场，如果现实条件不允许，原地卧倒，等待救援。

4.7.6 实施自救和救助他人。

4.7.7 拨打报警电话，客观详细地描述事件发生、发展经过。

4.7.8 避开临时搭建的货架；避开脚下物品，一旦摔倒应让身体靠近墙根或其他支撑物。

4.7.9 注意观察现场可疑人、可疑物，协助警方调查。

4.7.10 迅速就近隐蔽，就近寻找遮挡物护住身体重要部位和器官。

4.7.11 不要用打火机点火照明。

4.7.12 服从指挥。

第三节　安全事故的应急处理

一、保洁员意外受伤的基本处理要求

保洁员在工作中意外受伤，则要进行现场救治；伤势严重者应立即呼叫救护车将伤者送医院救治。在救护车到达前的时间里要对伤者进行正确处理，以减轻伤者的痛苦、减少抢救的困难、增加伤者复原的机会、降低伤残的概率。

二、突然晕倒的处理

保洁员在烈日下工作突然晕倒，正确的处理方法是将其移到阴凉且空气流通的地方，使晕倒的人员可以呼吸到充足的氧气，并由有经验的人员照顾，疏散围观的人群，直到救护车到达。

三、沙粒或其他异物入眼的处理

不能用手、纸巾或毛巾擦拭，以免擦伤眼角膜引起角膜炎而造成严重后果。正确的处理方法是用清水冲洗或及时送医院治疗。

四、化学品入眼的处理

应立即用大量清水不停地冲洗，直至眼睛恢复正常，如有需要应及时送医院治疗。

五、化学品沾染身体其他部位的处理

是用大量清水冲洗，如有需要应及时送医院治疗。

六、高空作业坠落的处理

当从高处坠下者倒卧地上时，在未了解清楚其受伤情况时，不应立即搀扶他。因为，如果坠下者不幸跌伤腰骨，出现腰椎骨折，此时扶起伤者就会使其脊椎弯曲，骨折的腰椎就有可能切断脊髓，从而造成其下肢瘫痪；如果是胸椎或颈椎骨折，草率地一扶、一弯甚至会立即危及伤者的生命。

正确的做法如图6-3所示。

方法一	如果伤者还清醒，应该不断地与伤者对话，尽量保持伤者不昏迷
方法二	不要翻动伤者，但见到出血或衣服内有渗血，应及时压迫止血，注意伤者的呼吸，等候救护车到达
方法三	配合医务人员做好伤者的救护工作

图6-3　高空作业坠落的处理方法

七、跌断肢骨、断骨刺穿皮肉的处理

应用硬木板托住断肢，用现场可以找得到的干净布料包扎止血，尽量不要移动断骨。

八、铁钉或铁杆插入身体的处理

正确的处理方法是切记不要把铁杆或铁钉从伤者身体内拔出，应维护原状，将伤者直接送入医院，由医生妥善处理。因为铁杆或铁钉有可能插着血管，如把铁杆、铁钉拔出则可能导致伤者大出血，如果伤及动脉血管，就会有生命危险。在搬动伤者时要确保铁杆、铁钉不移动。

九、意外触电的处理

应该立即切断电源。如一时找不到电源开关，应该用干的竹、木、胶棍等绝缘体将电线拨开或将触电者推离电源，然后立即为触电者进行人工呼吸和胸外心脏按压。只有抢救及时才可能挽救其生命。

学习回顾

1.保洁员违章操作的表现有哪些？

2.如何加强保洁员的技能培训？

3.如何做好保洁员的安全防护？

4.保洁员意外受伤如何处理？

5.保洁员意外触电如何处理？

学习笔记

_____

_____

_____

_____

_____

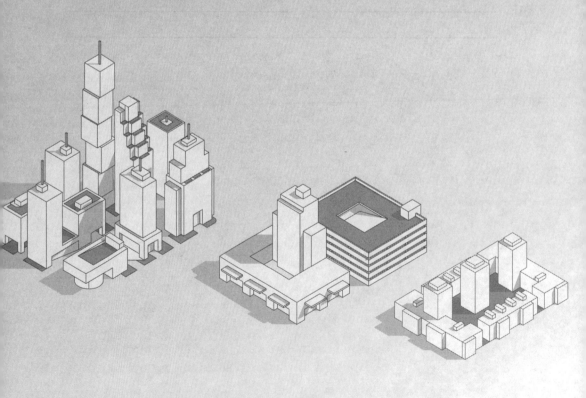

第二部分
Part two

物业绿化养护

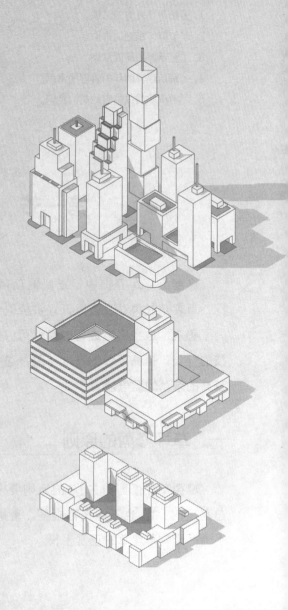

第七章　草坪养护

🎯 **本章学习目标**

1. 了解草坪修剪的常识。
2. 了解草坪施肥的常识。
3. 了解草坪灌溉的常识。
4. 了解草坪辅助养护管理的常识。
5. 了解草坪病虫草害的防治常识。

第一节　草坪修剪

　　修剪是草坪养护中最重要的项目之一，是草坪养护标准高低的主要指标。草坪草长得过高会降低观赏价值和失去使用功能。修剪的目的不仅仅是为了美观，适当定期进行的修剪可保持草坪平整，促进草的分枝，利于匍匐枝的伸长，提高草坪的密度，改善通气性，减少病虫害的发生，抑制生长点较高的杂草的竞争能力。

一、草坪修剪的原则

　　遵循草坪修剪剪去1/3的原则要求：每次修剪量不能超过茎叶组织纵向总高度的1/3，也不能伤害根茎，否则会因地上茎叶生长与地下根系生长不平衡而影响草坪草的正常生长。

二、修剪高度

修剪高度（留茬高度）是修剪后地上枝条的垂直高度。

修剪低矮的草坪看起来漂亮，但不抗环境胁迫、多病、对细致的栽培管理依赖性强。

草坪草修剪得越低，草坪根系分布越浅，浅的根系需要强化水分管理和施肥，以弥补植物对土壤水分与养分吸收能力的降低。大量的较小蘖枝之间竞争胁迫也大，也不耐其他方面的胁迫，如图7-1所示。

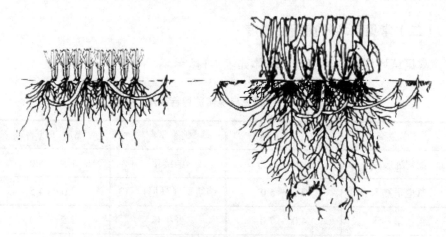

图7-1　修剪高度对草坪根系的影响

维护一个修剪低矮的草坪比维护高的草坪需要更高的技术水平。

（一）耐剪高度

每一种草坪草都有其特定的耐剪高度范围，在这个范围之内则可以获得令人满意的草坪质量。

低于耐剪高度范围，发生茎叶剥离（Scalping）或过多地把绿色茎叶去掉，老茎裸露，甚至造成地面裸露。

高于耐剪高度范围，草坪草变得蓬松、柔软、匍匐，难以形成令人满意的草坪。

　　某一草坪的精确的耐剪范围是难以确定的，草坪草的遗传特点、气候条件、栽培管理措施及其他环境影响因素对这一范围都有影响。多数情况下，在这个高度范围内修剪草坪表现良好。不同草坪草因生物学特性不同，其所耐受的修剪高度不同。

　　（1）直立生长的草坪草，一般不耐低矮的修剪，如草地早熟禾和高羊茅。

　　（2）具有匍匐茎的草坪草，如匍匐翦股颖和狗牙根可耐低修剪。

　　（3）常见草坪草耐低矮修剪能力由高到低的顺序为：匍匐翦股颖、狗牙根、结缕草、野牛草、黑麦草、早熟禾、细羊茅、高羊茅。

（二）常见草坪修剪留茬高度

常见草坪修剪留茬高度，具体如表7-1所示。

表7-1　常见草坪修剪留茬高度

冷季型草	高度（厘米）	暖季型草	高度（厘米）
匍匐翦股颖	0.35～2.0	结缕草	1.5～5.0
草地早熟禾	2.5～5.0	结缕草（马尼拉草）	3.0～4.5
粗茎早熟禾	4.0～7.0	野牛草	2.5～5.0
细羊茅	3.5～6.5	狗牙根（普通）	1.5～4.0
羊茅	3.5～6.5	狗牙根（杂交）	1.0～2.5
硬羊茅	2.5～6.5	地毯草	2.5～5.0
紫羊茅	4.0～6.0	假俭草	2.5～5.0
高羊茅	5.0～8.0	巴哈雀稗	2.5～5.0
多年生黑麦草	4.0～6.0	钝叶草	4.0～7.5

（三）修剪高度的确定

修剪高度的确定要点如图7-2所示。

要点一	冷季型草坪：夏季适当提高修剪高度来弥补高温、干旱胁迫
要点二	暖季型草坪：应该在生长早、后期提高修剪高度以提高草坪的抗冻能力和加强光合作用
要点三	生长在阴面的草坪草，无论是暖季型草坪草还是冷季型草坪草，修剪高度应比正常情况下高1.5～2.0厘米，使叶面积增大，以利于光合产物的形成
要点四	进入冬季的草坪要修剪得比正常修剪高度低一些，这样可使得草坪冬季绿期加长，春季返青提早
要点五	在草坪草胁迫期，应当提高修剪高度。在高温干旱或高温高湿期间，降低草坪草修剪高度是特别危险的
要点六	草坪春季返青之前，应尽可能降低修剪高度，剪掉上部枯黄老叶，利于下部活叶片和土壤接受阳光，促进返青

图7-2　修剪高度的确定要点

? 小提示

剪草机设置修剪高度时应在平整的硬化路面上进行。由于剪草机是行走在草坪草茎叶之上的，所以草坪草的实际修剪高度应略高于剪草机设定的高度。

三、修剪频率及周期

修剪频率是指一定时期内草坪修剪的次数；修剪周期是指连续两次修剪之间的间隔时间。修剪频率越高，次数就越多，修剪周期越短。

（一）修剪频率的确定依据

修剪频率取决于修剪高度，何时修剪则由草坪草生长速度来决定，而草坪草的生长速度则随草种、季节、天气的变化和养护管理程度不同而发生变化，如图7-3所示。

要点一	在夏季，冷季型草坪进入休眠，一般2～3周修剪一次
要点二	在秋、春两季由于生长茂盛，冷季型草需要经常的修剪，至少一周一次
要点三	暖季型草冬季休眠，在春秋生长缓慢，应减少修剪次数，在夏季天气较热，暖季型草生长茂盛，应进行多次修剪

图7-3 修剪频率的确定要点

❓ 小提示

在草坪管理中，可根据草坪修剪的1/3原则来确定修剪时间和频率，1/3原则也是确定修剪时间和频率的唯一依据。

（二）常见草坪草修剪频率

常见草坪草修剪频率，具体如表7-2所示。

表7-2 常见草坪草修剪频率

利用地	草坪草种类	生长季内修剪次数			全年修剪次数
		4～6月	7～8月	9～11月	
庭园	细叶结缕草	1	2～3	1	5～6
	剪股颖	2～3	8～9	2～3	15～20
公园	细叶结缕草	1	2～3	1	10～15
	剪股颖	2～3	8～9	2～3	20～30

续表

利用地	草坪草种类	生长季内修剪次数			全年修剪次数
		4～6月	7～8月	9～11月	
竞技场、校园	细叶结缕草，狗牙根	2～3	8～9	2～3	20～30
高尔夫球发球台	细叶结缕草	1	16～18	13	30～35
高尔夫球球盘	细叶结缕草 翦股颖	38 51～64	34～43 25	38 51～64	110～120 120～150

四、剪草机械的选用

（1）特级草坪只能用滚筒剪草机剪，一级、二级草坪用旋刀机剪，三级草坪用气垫机或割灌机剪，四级草坪用割灌机剪，所有草边均用软绳型割灌机或手剪。

（2）在每次剪草前，应先测定草坪草的大概高度，并根据所选用的机器调整刀盘高度，一般特级至二级的草，每次剪去长度不超过草高的1/3。

五、草坪修剪方向

由于修剪方向的不同，草坪茎叶的取向、反光也不相同，因而产生了像许多体育场见到的明暗相间的条带，由小型剪草机修剪的果领也呈现同样的图案。

不改变修剪方向可使草坪土壤受到不均匀挤压，甚至出现车轮压槽。不改变修剪路线，可使土壤板结，损伤草坪草。修剪时要尽可能地改变修剪方向，使草坪上的挤压分布均匀，减少对草坪草的践踏。

同时，每次修剪若总向一个方向，易使草坪草向剪草方向倾斜生长，草坪趋于瘦弱和形成"斑纹"现象（草叶趋于同一方向的定向生长），因此，要避免在同一地点、同一方向多次修剪。一般采取如图7-4所示方式。

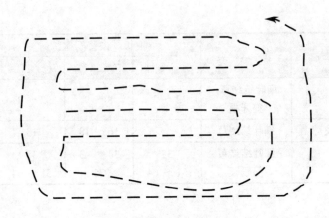

图7-4　草坪修剪方向示意图

六、剪草的操作

（一）剪草的操作要求

（1）割草前应先把草坪上的垃圾除净。

（2）割下的草可留在草坪上为土壤提供养分，这样也可以节省一些费用。如果潮湿天气很长，草长得太高，则剪下的草应除去，因为它们盖在草上，形成一个垫子，会压死下面的草。在大门口等碎草会影响美观的地方，可以将其装袋，或耙拢后清除。割草时应注意不要将碎草吹入灌木丛或树根下，这样很不美观。

（3）竖杆、标志牌、建筑物和树木周围的草应修剪得和草坪同样高。不得使用割草机和修剪机处理乔木和灌木根部，因为这样会对植物根部造成损伤。

（4）所有的人行道、小路和路边的草应经常修整。灌木和树木应修剪，并在护根区与草坪间保持5厘米高的边缘。在道路、路边的裂缝和伸缩缝中生长的各种草应经常清除。割草并修剪后，留下的碎草连同其他垃圾一并清扫干净。

（二）剪草的操作步骤

剪草的操作步骤如图7-5所示。

第一步	清除草地上的石块、枯枝等杂物
第二步	选择走向，与上一次走向要求有至少30°以上的交叉，不可重复修剪，以避免引起草坪长势偏向一侧
第三步	速度保持不急不缓，路线直，每次往返修剪的截割面应保证有10厘米左右的重叠
第四步	遇障碍物应绕行，四周不规则草边应沿曲线剪齐，转弯时应调小油门
第五步	若草过长，应分次剪短，不允许超负荷运作
第六步	边角、路基边草坪以及树下的草坪用割灌机剪，花丛、细小灌木周边修剪不允许用割灌机（以免误伤花木），这些地方应用手剪修剪
第七步	剪完后将草屑清扫干净入袋，清理现场，清洗机械

图7-5　剪草的操作步骤

七、草屑的处理

剪草机修剪下的草坪草组织总体称草屑。

（一）移出草屑

在高尔夫球球场等管理精细的草坪，移走碎草会提高草坪的外观质量。

如草屑较长，应移出草坪，否则长草屑将破坏草坪的外观。形成的草堆或草的厚覆盖将引起其下草坪草死亡或发生疾病，害虫也容易在此产卵。

（二）留下草屑

在普通草坪上，只要剪下来的碎草不形成团块残留在草坪表面，不会引起什么问题。

碎草屑内含有植物所需的营养元素（施肥后有效养分的60%～70%含在头三次修剪的草屑中），是重要的氮源之一。碎草含有78%～80%的水、3%～6%的氮、1%的磷和1%～3%的钾。

有研究证明，草坪草能从草屑中获得所需氮素的25%～40%。归还这部分养分于土壤，可减少化肥施用量。

八、草坪修剪注意事项

（1）防止叶片撕裂和叶片挤伤。在剪过的草坪上，有时会出现叶片撕裂和叶片挤伤，残损的叶片尖部变灰，进而变褐色，也可发生萎缩，这种现象可以在各种草坪上发生，特别是在黑麦草上尤为严重，出现这种问题时，一种可能是滚刀式剪草机钝刀片或调整距离不适当，一种可能是旋刀式剪草机低转速造成的，另外，还有可能是滚刀式剪草机转弯过急。

（2）修剪前必须仔细清除草坪内树枝、砖块、塑料袋等杂物。

（3）草坪的修剪通常应在土壤较硬时进行，以免破坏草坪的平整度。

（4）机具的刀刃必须锋利，以防因刀片钝而使草坪刀口出现丝状，如果天气特别热，将造成草坪景观变成白色，同时还容易使切口感染，引起草坪病虫害发生。修剪前最好对刀片进行消毒，特别是在7～8月病虫害多发季节。修剪应在露水消退以后进行，且修剪的前一天下午不浇水，修剪之后间隔2～3小时浇水，防止病虫害发生。

（5）修剪后的草屑留在草坪上，少量的短草屑可作为草皮的薄层覆盖之用，改善干旱状况和防止苔藓着生，但修剪间隔时间较长，草屑又多又长时，必须使用集草袋予以清除；否则，草屑在草坪上堆积，不仅使草坪不美观，而且会使下部草坪草因光照、通气不足而窒息死亡；此外草屑在腐烂后，会产生一些有毒的小分子有机酸，抑制草坪根系的活性，使草坪长势变弱，还利于滋生杂草，造成病虫害流行。

（6）机油、汽油滴漏到草坪上会造成草坪死亡，严禁在草坪上对割草机进行加油或检修。

（7）草坪修剪一定要把安全放在第一位，修剪人员要做到岗前培训，合格上岗，作业是要穿长裤，戴防护眼镜，防滑高腰劳保鞋，防止意外伤害，剪草机使用后要及时清洗、检查。修剪前一定要检查清除草坪内的石块木桩和其他可能损害剪草机的障碍物，以免剪草机刀片、曲轴受损伤。

第二节　草坪施肥

草坪施肥是为草坪草提供必需养分的重要措施。草坪生长所需养分的供给必须在一定范围内，并且各种养分的比例要恰当，否则，草坪草不能正常地生长发育。

草坪草可以通过根、茎、叶来吸收养分，其中叶片和一部分茎是吸收二氧化碳的主要场所，而水分和矿质元素的吸收主要是依靠根系来完成的，但地上部分也能吸收一部分水分和矿质元素。

一、施肥的重要性

（一）保持土壤肥力

土壤肥力是任何草坪管理过程中都应考虑的问题。健康的草坪需要肥沃的土壤。因为草能迅速地消耗掉土壤中的养分，所以应该定期给土壤增加养分。

虽然营养对于草的健康成长非常重要，但是过量使用肥料会破坏草坪与环境。因此，在对草坪施肥时，应该只用保持草坪健康所需的最低数量的肥料。

（二）土壤的pH值

土壤的pH值对于植物的健康生长是非常重要的。土壤的pH值表示其酸碱平衡度，有些植物适合于中性土壤，有些则适合于酸性或碱性土壤。草皮在pH值为6.0～7.0时生长最好，因此，为了让草皮健康地生长，应检查土壤的pH值是否适合，否则应对其进行改善，土壤酸性过强时可加石灰，碱性过强时可加适量的硫磺、硫酸铝、腐殖质肥等。

二、草坪草的营养需求

草坪草物质组成：水（75%～85%）和干物质（15%～25%）。

草坪草正常生长发育不可缺少的营养元素有十多种，各种营养元素无论在草坪草组织中的含量高低，对草坪草的生长都是同等重要的，缺一不可。

其中，草坪生长中需要量最大的是氮（N），钾（K）列第二，其次是磷（P）。

草坪每吸收一个单位的N需吸收0.1个单位的P和0.5个单位的K，所以有时推荐配方施肥的比例为1：0.1：0.5（N：P：K）。

N肥可通过淋洗或挥发损失，而P、K损失很少。

在确定施肥量的时候，要首先确定施用的N肥量，再结合土壤养分测定结果、草坪管理经验等确定N、P、K肥的比例，计算出P肥、K肥的用量。

表7-3所示为不同草坪草形成良好草坪的需氮量供参考。

表7-3　不同草坪草形成良好草坪的需氮量

冷季型草坪草	年需氮量（克/平方米）	暖季型草坪草	年需氮量（克/平方米）
细羊茅	3～12	美洲雀稗	3～12
高羊茅	12～30	普通狗牙根	15～30
一年生黑麦草	12～30	杂交狗牙根	21～42
多年生黑麦草	12～30	日本结缕草	15～24

续表

冷季型草坪草	年需氮量（克/平方米）	暖季型草坪草	年需氮量（克/平方米）
草地早熟禾	12～30	马尼拉草	15～24
粗茎早熟禾	12～30	假俭草	3～9
细弱翦股颖	15～30	野牛草	3～12
匍匐翦股颖	15～39	地毯草	3～12
冰草	6～15	钝叶草	15～30

给草坪施肥要保证上少量、多次，以确保草能均匀生长。

三、肥料的选用

草坪需要的主要养分是氮、磷、钾，氮是最重要的，因为它能促进草叶生长，使草坪保持绿色；磷是植物开花、结果、长籽所必需的，并可加强根系的生长；钾是增强植物活力和抵抗力所必需的，对于植物根部也有重要的作用。

（一）草坪肥料的种类

1. 氮肥

（1）铵态氮肥：硝酸铵（含氮34%）、硫酸铵（氮20.5%～21%）。

铵态氮肥在土壤中移动性一般很小，不易淋失，肥效较长；但是铵态氮易氧化成为硝酸盐，在碱性土壤中易挥发损失。而且过量的铵态氮会引起氨中毒，同时也对钙、镁、钾等离子的吸收有一定的抑制作用。

（2）硝态氮肥：硝酸钠、硝酸钙和硝酸铵。

硝态氮肥水溶性好，在土壤中移动快；草坪草容易吸收硝酸盐，且过量吸收不会有害；硝态氮容易淋失，并且容易反硝化作用而损失。

草坪上应用较多的硝态氮肥是硝酸铵，硝酸钠和硝酸钙不经常施用。

（3）酰铵态氮肥：尿素。

尿素，含氮46%，是固体氮肥中含氮最高的肥料。吸湿性低，储藏性能好，易溶于水。

（4）天然有机肥。

（5）缓释氮肥。

2.磷肥

磷肥易被土壤固定，因此，为了提高肥效，不宜于建坪前过早施用或施到离根层较远的地方。有条件的地方可于施用磷肥前先打孔，以利肥料进入根层。

（1）天然磷肥：包括过磷酸盐、重过磷酸盐、偏磷酸钙和磷矿石等。

过磷酸钙：是草坪磷肥中最常用的，含有效P_2O_5 14%～20%（其中80%～95%溶于水），属于水溶性速效磷肥。

重过磷酸钙：磷的含量比过磷酸盐高，一般不单独施用，而以高效复合肥形式施用。

偏磷酸钙：是酸性土壤上草坪草吸收利用的有效磷肥。

磷矿石：在草坪上应用较少。

（2）有机磷肥。骨粉是最常见的天然有机磷肥，其中磷素的释放取决于含磷有机物的降解。骨粉在酸性土壤上肥效显著，它可以降低土壤的酸度，但相对于过磷酸盐来说比较贵。

（3）工业副产品。工业副产品主要有碱性渣，这是钢铁工业的副产品。碱性渣肥效长，是缓效磷肥，能降低土壤的酸度，其中还含有一定的镁和锰。

（4）化学磷肥。过磷酸铵、磷酸钾和偏磷酸钾

（5）钾肥。钾肥有表7-4所示几类。

表7-4　钾肥的类别

序号	类别	说明
1	氯化钾	价格低廉，在草坪上广泛使用，它的盐指数较高，含氯47%
2	硫酸钾	其中含有较多的硫，是较好的草坪钾肥，它的价格比氯化钾高很多，但它的盐指数低，含氯不超过2.5%

续表

序号	类别	说明
3	硝酸钾	高度水溶性，吸湿性小，长期使用会引起土壤抗凝絮作用，起土壤悬浮剂的作用。硝酸钾中钾的含量不如氯化钾和硫酸钾高，但含氮超过13%。此外，硝酸钾存放不当容易产生火灾，因此使用不广泛
4	其他钾肥	偏磷酸钾含磷24%（55% P_2O_5）、硫酸镁钾（含大量的镁）、硝酸钠钾（含氮超过15%）等，它们在草坪上应用较少

（6）复合肥。同时含有两种或两种以上氮、磷、钾主要元素的化学肥料。

（7）微量元素肥料。主要是一些含硼、锌、钼、锰、铁、铜等微量营养元素的无机盐类和氧化物或螯合物。

（8）有机肥料。如粪尿肥类、堆沤肥类、绿肥类、饼肥类等。

（二）肥料的表示方法

肥料的表示方法包含3个数字，如10-6-4。第一个数字代表含氮的百分数，第二个数字是含磷的百分数，第三个数字是含钾的百分数。所有的肥料都是按这个顺序排列其主要养分的。

（三）肥料的选用

一级以上草坪选用速溶复合肥、快绿美及长效肥，二、三级草坪采用缓溶复合肥，四级草地基本不施肥。

四、施肥时间及施肥次数

（一）不同型草坪划的施肥次数与频率

1.冷季型草坪草

深秋施肥是非常重要的，这有利于草坪越冬。特别是在过渡地带，深秋施氮可以使草坪在冬季保持绿色，且春季返青早。磷、钾肥对于草坪草冬季生长的效应不大，但可以增加草坪的抗逆性。

夏季施肥应增加钾肥用量，谨慎使用氮肥。如果夏季不施氮肥，冷季型草坪草叶色转黄，但抗病性强。过量施氮则病害发生严重，草坪质量急剧下降。

2.暖季型草坪草

最佳的施肥时间是早春和仲夏。秋季施肥不能过迟，以防降低草坪草抗寒性。

（二）不同肥料的施肥次数与用量

不同肥料的施肥次数与用量如图7-6所示。

一般速效性氮肥

要求少量多次，每次用量以不超过 5 克 / 平方米为宜，且施肥后应立即灌水。一则可以防止氮肥过量造成徒长或灼伤植株，诱发病害，增加剪草工作量；另则可以减少氮肥损失

缓释氮肥

由于其具有平衡、连续释放肥效的特性，因此可以减少施肥次数，一次用量则可高达 15 克 / 平方米

图7-6　不同肥料的施肥次数与用量

（三）不同养护水平下的施肥次数和频率

实践中，草坪施肥的次数或频率常取决于草坪养护管理水平，具体如图7-7所示。

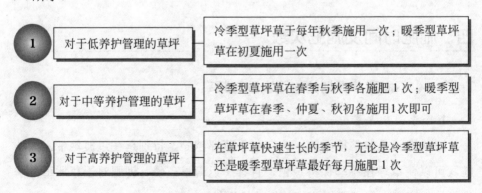

1	对于低养护管理的草坪	冷季型草坪草于每年秋季施用一次；暖季型草坪草在初夏施用一次
2	对于中等养护管理的草坪	冷季型草坪草在春季与秋季各施肥 1 次；暖季型草坪草在春季、仲夏、秋初各施用1次即可
3	对于高养护管理的草坪	在草坪草快速生长的季节，无论是冷季型草坪草还是暖季型草坪草最好每月施肥 1 次

图7-7　不同养护水平下的施肥次数和频率

五、施肥的方法方式

（一）施肥方法

草坪施肥的方法：基肥、种肥和追肥。

（1）基肥：以基肥为主。

（2）种肥：播种时把肥料撒在种子附近，以速效磷肥为主。

（3）追肥：以微量元素在内的养分追肥为辅。

（二）施肥方式

1. 表施

采取下落式或旋转式施肥机将颗粒状肥直接撒入草坪内，然后结合灌水，使肥料进入草坪土壤中。每次施入草坪的肥料的利用率大约只有1/3左右。

2. 灌溉施肥

经过灌溉系统将肥料溶解在灌溉水中，喷洒在草坪上，目前一般用于高养护的草坪，如高尔夫球场。

第三节　草坪灌溉

一、草坪对水分的需求

每生成1克干物质需消耗500～700毫升的水。

一般养护条件下，每周每100平方米用水2.5立方米。是通过降雨和灌溉或两者共同来满足。

在较干旱的生长季节，灌水更多。

由于草坪草根系主要分布在10～15厘米及其以上的土层，所以每次灌溉应以湿润10～15厘米深的土层为标准。

二、草坪灌溉时机

（一）灌溉时间的确定

灌溉时机判断：叶色由亮变暗或者土壤呈现浅白色时，草坪需要灌溉。

（二）一天中最灌水时间

晚秋至早春，均以中午前后为好，其余则以早上、傍晚灌水为好。尤其是有微风时，空气湿度较大而温度低，可减少蒸发量。

三、草坪灌溉次数

（1）成熟草坪灌溉原则："见干则浇，一次浇透"。

（2）未成熟草坪灌溉原则："少量多次"。

四、草坪灌溉操作

施肥作业需与草坪灌溉紧密结合，防止"烧苗"。

北方冬季干旱少雪、春季少雨的地区，入冬前灌一次"封冻水"，使根部吸收充足水分，增强抗旱越冬能力；春季草坪返青前灌一次"开春水"，防止草坪萌芽期春旱而死，促使提早返青。

沙质土保水能力差，在冬季晴朗天气，白天温度高时灌溉，至土壤表层湿润为止，不可多浇或形成积水，以免夜间结冰造成冻害。

> **❓ 小提示**
>
> 若草坪践踏严重，土壤干硬结实，应于灌溉前先打孔通气，便于水分渗入土壤。

第四节 草坪辅助养护管理

一、清除枯草——梳草

枯草在地面和草叶之间可能会形成一个枯草层，当这层枯草厚度超过1厘米时，即应清除。寒季草的枯草应在秋季清除，热季草的枯草应在春季清除。梳草的主要目的是使草的根部接触到空气，而不是被枯草又或者是一些杂质困住而窒息。根是草的基本，根的健康决定了草的健康。

（1）二级以上的草坪，视草坪生长密度，1～2年疏草一次；举行过大型活动后，草坪应局部疏草并培沙。

（2）局部疏草：用铁耙将被踩实部分耙松，深度约5厘米，清除耙出的土块、杂物，施上土壤改良肥，培沙。

（3）大范围打孔疏草：准备机械、沙、工具，先用剪草机将草重剪一次，用疏草机疏草，用打孔机打孔，用人工扫除或用旋刀剪草机吸走打出的泥块及草渣，施用土壤改良肥，培沙。

（4）二级以上草坪如出现直径10厘米以上秃斑、枯死，或局部恶性杂草占该部分草坪草50%以上且无法用除草剂清除的，应局部更换该处草坪的草。

（5）二级以上草坪局部出现被踩实，导致生长严重不良，应局部疏草改良。

二、滚压

滚压能增加草坪草的分蘖及促进匍匐枝的生长；使匍匐茎的节间变短，增加草坪密度；铺植草坪能使根与土壤紧密结合，让根系容易吸收水分，萌发新根。滚压广泛用于运动场草坪管理中，以提供一个结实、平整的表面，以提高草坪质量。

三、表施细土

表施土壤是将沙、土壤或沙、土壤和有机肥按一定比例混合均匀地施在草坪表面的作业。在建成草坪上，表施细土可以改善草坪土壤结构，控制枯草层，防止草坪草徒长，有利于草坪更新，修复凹凸不平的坪床可使草坪平整均一。

（一）覆沙或土的时机

覆沙或土最好在草坪的萌发期及旺盛生长期进行。一般暖季型草在4～7月和9月为宜；而冷季型草在3～6月和10～11月为宜。

（二）准备工作

表施的土壤应提前准备，最好土与有机肥堆制。堆制过程中，在气候和微生物活动的共同作用下，堆肥材料形成一种同质的、稳定的土壤。

为了提高效果，在施用前对表施材料过筛、消毒，还要在实验室中对材料的组成进行分析和评价。

表施细土的比例：沃土、沙、有机质为1∶1∶1或2∶1∶1较好。

（三）表施细土的技术要点

表施细土的技术要点如图7-8所示。

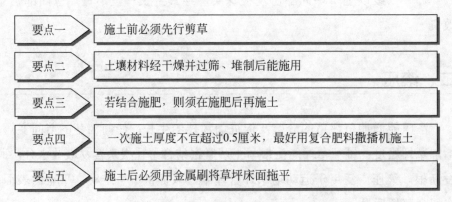

要点一	施土前必须先行剪草
要点二	土壤材料经干燥并过筛、堆制后能施用
要点三	若结合施肥，则须在施肥后再施土
要点四	一次施土厚度不宜超过0.5厘米，最好用复合肥料撒播机施土
要点五	施土后必须用金属刷将草坪床面拖平

图7-8　表施细土的技术要点

四、草坪通气

时间长了土壤会变得板结，使得养分和水分就很难渗透到植物根部，使植物的根部变浅、继而干枯。为了减轻板结，通常采用通气的方法，即在草地上钻洞，让水分、氧气和养分能穿透土壤，达到根部，通气孔深度为5～10厘米。

（一）打孔

打孔也称除土芯或土芯耕作，是用专门机具在草坪上打上许多孔洞，挖出土芯的一种方式。

1.打孔的作用

打孔后利于：

（1）土壤有毒气体的释放。

（2）改善干土或难湿土壤的易湿性。

（3）加速长期过湿土壤的干燥。

（4）增加地表板结或枯草层过厚草坪土壤的渗透性能。

（5）刺激根系在孔内生长。

（6）增加孔上草坪草茎叶的生长。

（7）打破由地表覆土而引起的不良层次。

（8）控制枯草层的发生等。

（9）打孔结合覆土效果更佳，可改善草坪对施肥的反应。

2.打孔的时机

打孔一般冷季型草坪在夏末或秋初进行；而暖季型草坪在春末和夏初进行。

3.孔的大小

孔的直径在6～19毫米，孔距一般为5厘米、11厘米、13厘米和15厘米，最深可达8～10厘米。

4.打孔注意事项

（1）一般草坪不清除打孔产生的芯土，而是待芯土干燥后通过垂直修剪机或拖耙将芯土粉碎，使土壤均匀地分布在草坪表面上，使之重新入孔中。

（2）打孔的时间要避免在夏季进行。

（3）要经多次打孔作业，才可以改善整个草坪的土壤状况。

（二）划条与穿刺

与打孔相似，划条或穿刺也可作来改善土壤通透条件，特别是在土壤板结严重处。但划条和穿刺不移出土壤，对草坪破坏较小。

1.划条

划条是指用固定在犁盘上的V形刀片划土，深度可达7～10厘米。不像打孔，操作中没有土条带出，因而对草坪破坏很小。

2.刺孔

刺孔与划条相似，扎土深度限于2～3厘米，在草坪表面刺孔长度较短，如图7-9所示。

图7-9　划条刺孔

（三）纵向刈割（纵向修剪）

纵向刈割（纵向修剪）是指用安装在横轴上的一系列纵向排列刀片的疏

草机来修剪管理草坪。由于刀片可以调整，能接触到草坪的不同深度。

（1）地上匍匐茎和横向生长的叶片可以被剪掉，也可用来减少果岭上的纹理。

（2）浅的纵向修剪，可以用来破碎打孔后留下的土条，使土壤均匀分布到草坪中。

（3）设置刀片较深时，大多数累积的枯草层可被移走。

（4）设置刀片深度达到枯草层以下时，则会改善表层土壤的通透性。

❓ 小提示

垂直修剪应在土壤和草层干燥时进行，使草坪受到的伤害最小。垂直修剪时应避开杂草萌发盛期。

五、草坪补植

为了恢复裸露或稀疏部分的草皮，应每年补种1次。补种最好在秋季，其次是在春季。

草坪补植的要求如下：

（1）补植要补与原草坪相同的草种，适当密植，补植后加强保养。

（2）补植前需将须补植地表表面杂物（包括须更换的草皮）清除干净，然后将地表以下2厘米土层用大锄刨松（土块大小不得超过1厘米）后再进行草皮铺植。

（3）草皮与草皮之间可稍留间隙（1厘米左右），但切忌不可重叠铺植。

（4）铺植完毕需用平锹拍击新植草皮以使草皮根部与土壤密接以保证草皮成活率，拍击时由中间向四周逐块铺开，铺完后及时浇水，并保持土壤湿润直至新叶开始生长。

> **❓ 小提示**
>
> 　　为避免外来因素对新植草坪的破坏，可在新植草坪处摆放"养护进行中"标识提醒人员不进入养护期间草坪以保证新植草皮的成活率，必要时可通知上级领导设置警戒带或其他方法对补植区域进行隔离。

第五节　草坪病虫草害的防治

一、草坪主要病害防治

　　植物病害是植物活体在生长或储藏过程中由于所处环境条件的恶劣、或受到有害（微）生物的侵扰，致使植物活体受到的损害，包括正常的新陈代谢受到干扰，生长发育受到影响，遗传功能发生改变，以及植物产品的品质降低和数量减少等。

（一）草坪主要病害的原因

　　依据致病原因不同，草坪病害可分为两大类：一类是由生物寄生（病原物）引起的，有明显的传染现象，称为浸染性病害；另一类是由物理或化学的非生物因素引起的，无传染现象，称为非侵染性病害。

1.非侵染性病害

　　非侵染性病害，亦称生理性病害的发生，决定于草坪和环境两方面的因素，如图7-10所示。

　　由于各个因素间是互相联系的，因此生理性病害的发生原因较为复杂，而且这类病的症状常与侵染性病害相似且多并发。

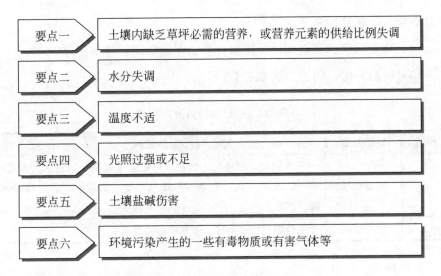

要点一	土壤内缺乏草坪必需的营养，或营养元素的供给比例失调
要点二	水分失调
要点三	温度不适
要点四	光照过强或不足
要点五	土壤盐碱伤害
要点六	环境污染产生的一些有毒物质或有害气体等

图 7-10　非侵染性病害的起因

2.侵染性病害

侵染性病害的病原物主要包括真菌、细菌、病毒、类病毒、类菌质体、线虫等，其中以真菌病害的发生较为严重。

（二）主要病害防治

在我国常见的草坪病害主要有以下几种类型。

1.褐斑病

褐斑病所引起的草坪病害，是草坪上最为广泛的病害。由于它的土传习性，所以，寄主范围比任何病原菌都要广。在我国黄淮河流域是早熟禾最重要的病害之一。常造成草坪大面积枯死。

（1）特性。被侵染的叶片首先出现水浸状，颜色变暗、变绿，最终干枯、萎蔫，转为浅褐色，在暖湿条件下，枯黄斑有暗绿色至灰褐色的浸润性边缘（是由萎蔫的新病株组成），称为"烟状圈"，在清晨有露水时或高温条件下，这种现象比较明显。留茬较高的草坪则出现褐色圆形枯草斑，无"烟状圈"症状。在干燥条件下，枯草斑直径可达30厘米，枯黄斑中央的病株较边缘病株恢复得快，结果其中央呈绿色，边缘为黄褐色环带，有时病株散生于草坪中，无明显枯黄斑。

（2）诱发因素。高湿条件、施氮过多、生境郁闭、枯草层厚。

（3）防治方法。防治方法如表7-5所示。

表7-5　褐斑病的防治方法

序号	防治方法	具体说明
1	栽培管理	平衡施肥，增施磷、钾肥，避免偏施氮肥。防止水大漫灌和积水，改善通风透光条件，降低湿度，清除枯草层和病残体，减少菌源
2	化学防治	三唑酮、代森猛锌、甲基托布津等

2.白粉病

主要危害早熟禾、细羊茅和狗牙根等。生境郁蔽，光照不足时发病尤重。

（1）主要特征。叶片出现白色霉点，后逐渐扩大成近圆形、椭圆形霉斑，初白色，后变污灰色，灰褐色。霉斑表面着生一层白色粉状物质。

（2）诱发因素。管理不善，氮肥施用过多，遮阴，植株密度过大和灌水不当。

（3）防治方法。防治方法如表7-6所示。

表7-6　白粉病的防治方法

序号	防治方法	具体说明
1	栽培管理	种植抗病草种和品种并合理布局，控制合理的种植密度，适时修剪，控制肥量，适量浇水，保证通风透光
2	化学防治	目前有许多杀菌剂都能有效防治白粉病。其中，三唑酮、吗菌灵、丙环唑、腈菌唑和氟菌唑具有内吸和防治作用

3.腐霉菌病害

（1）特征。高温高湿条件下，腐霉菌侵染常导致根部、根颈部和茎、叶变褐腐烂。草坪上突然出现直径2～5厘米的圆形黄褐色枯草斑。修剪交低的草坪上枯草斑最初很小，但迅速扩大。剪草坪较高的草坪枯草斑较大，形状较不规则。枯草斑内病株叶片褐色水渍状腐烂，干燥后病叶皱缩，色泽变浅，高湿时则生有成团的绵毛状菌丝体。多数相邻的枯草斑可汇合较大的形状不规则的死草区。这类死草区往往分布在草坪最低湿的区段。有时沿剪草机作业路线成长条形分布。

（2）诱发因素。高温、高湿条件：白天最高温30℃以上，夜间最低20℃以上，大气相对湿度高于90%，且持续14小时以上。低凹积水，土壤贫瘠，有机质含量低，通气性差，缺磷、氮肥施用过量。

（3）防治方法。防治方法如表7-7所示。

表7-7 腐霉菌病害的防治方法

序号	防治方法	具体说明
1	栽培管理	（1）改善立地条件，避免雨后积水。合理灌水，减少灌水次数，控制灌水量，减少根层（10～15厘米）土壤含水量，降低草坪小气候的相对湿度 （2）及时清除枯草层，高温季节有露水时不剪草，以避免病菌传播 （3）平衡施肥
2	化学防治	采用百菌清、代森锰锌、甲霜灵、杀毒矾等药剂喷洒

4.叶枯病

（1）特征。病草坪初现淡绿色小型病草斑，随后很快变为黄枯色，在干热条件下，病草枯死。枯黄斑圆形或不规则形，直径2～30厘米，斑内植株几乎全部都发生根腐和基腐。此外，病株还能产生叶斑。叶斑主要生于老叶和叶鞘上，不规则形，初现水渍状墨绿色，后变枯黄色至褐色，有红褐色边缘，外缘枯黄色。

草地早熟禾草坪出现的枯黄斑直径可达1米，呈条形、新月形、近圆形，枯草斑边缘多为红褐色，通常枯黄斑的中央为正常草株，受病害影响较少，四周则为已枯死的草株。

（2）诱发因素。高温、湿度过高或过低，光照强，氮肥施用过量，枯草层太厚、pH值＞7.0或＜5.0。

（3）防治方法。防治方法如表7-8所示。

表7-8 叶枯病的防治方法

序号	防治方法	具体说明
1	栽培管理	增施磷钾肥，控制氮肥用量，减少灌溉次数，清除枯草层
2	化学防治	多菌灵、甲基托布津

5.锈病

锈病是草坪草最重要，分布较广的一类病害。主要危害草坪草的叶片和叶鞘，也侵染茎秆和穗部。锈病种类很多，因菌落的形状、大小、色泽、着生特点而分为叶锈病、秆锈病、条锈病和冠锈病。

（1）主要特征。病部形成黄褐色的菌落，散出铁锈状物质。草坪感染锈病后叶绿素被破坏，光合作用降低，呼吸作用失调，蒸腾作用增强，大量失水，叶片变黄枯死，草坪被破坏。

（2）诱发因素。低温（7～25℃，因不同种类锈病有所不同），潮湿。锈菌胞子萌发和侵入寄主要有水湿条件，或100%的空气湿度，因而在锈病发生时期的降雨量和雨日数往往是决定流行程度的主导因素。通常在草坪密度高、遮阴、灌水不当、排水不畅、低凹积水时易发。

（3）防治方法。防治方法如表7-9所示。

表7-9 锈病的防治方法

序号	防治方法	具体说明
1	栽培管理	增施磷、钾肥，适量施用氮肥。合理灌水，降低草坪湿度，发病后适时剪草，减少菌源数量
2	化学防治	三唑类内吸杀菌剂、速保利等

6.炭疽病

（1）特征。炭疽病在温暖至炎热期间，在单个叶片上产生圆形至长形的红褐色病斑，被黄色晕圈所包围。小病斑合并，可能使整个叶片烂掉。有的草坪草叶片变成黄色，然后变成古铜色至褐色。

（2）诱发因素。炭疽病通常是在由其他原因所引起的草坪草生长弱后出现的，如由蠕孢菌侵染，肥力水平低或肥料不平衡、枯草垫太厚、干旱、昆虫损害、土壤板结等。

（3）防治方法。防治方法如表7-10所示。

表7-10　炭疽病的防治方法

序号	防治方法	具体说明
1	栽培管理	轻施氮肥可以防止炭疽病严重发生，每100平方米施27克氮肥，为了防止草坪严重损失，在必要时必需使用杀菌剂处理
2	化学防治	用苯胼咪唑类内吸性杀菌剂，如多菌灵和50%苯菌灵可湿性粉剂300～500毫克/升、70%甲基托布津可湿性粉剂500～700毫克/升，上述杀菌剂在发病期间每隔10～15天打一次药。在病情严重地区每隔10天打一次药，在整个发病季节内不要停止打药。为了防止产生抗药性，可与非内吸性杀菌剂如75%百菌清可湿性粉剂1000～1250毫克/升、50%可湿性粉剂250～400毫克/升、70%500倍，代森锰锌或代森锰加硫酸锌等交替使用。这些接触性杀菌剂用药间隔为7～10天

7.叶斑病

（1）特征。叶斑病主要危害叶片。叶片受害初期产生黄褐色稍凹陷小点，边缘清楚。随着病斑扩大，凹陷加深凹陷部深褐色或棕褐色，边缘黄红色至紫黑色，病健交界清楚。单个病斑圆形或椭圆形，多个病斑融合成不规则大斑。有时假球茎也可受害，病部会出现稍隆起的黑色小点。

（2）病原。叶斑病的病原菌是两种真菌，即半知菌亚门、叶点霉。

（3）发病规律。病菌以菌丝或分生孢子在病残组织内越冬，借风雨、水滴传播，从伤口或自然孔口侵入。高温高湿发病严重。

（4）防治方法。防治方法如表7-11所示。

表7-11 叶斑病的防治方法

序号	防治方法	具体说明
1	栽培管理	在早春和早秋，减少氮肥用量，有助于防治叶斑病。保持磷和钾正常使用量。避免在早春和早秋或白天过量供水，这样容易使叶片干枯
2	化学防治	大多数接触性杀菌剂7～10天喷药一次，直到发病停止

8.霜霉病

霜霉病是由真菌中的霜霉菌引起的植物病害。

（1）特征。此病从幼苗到收获各阶段均可发生，以成株受害较重。主要为害叶片，由基部向上部叶发展。发病初期在叶面形成浅黄色近圆形至多角形病斑，容易并发角斑病，空气潮湿时叶背产生霜状霉层，有时可蔓延到叶面。后期病斑枯死连片，呈黄褐色，严重时全部外叶枯黄死亡。

（2）诱发因素。病菌以菌丝在种子上或者秋冬季在生菜上为害越冬，也可以卵孢子在病残体上越冬。主要通过气流、浇水、农事及昆虫传播。病菌孢子萌发温度为6～10℃适宜侵染温度15～17℃，田间种植过密、定植后浇水过早、过大、土壤湿度大、排水不良等容易发病。春末夏初或秋季连续阴雨天气最易发生。

（3）防治方法。防治方法如表7-12所示。

表7-12 霜霉病的防治方法

序号	防治方法	具体说明
1	栽培管理	（1）加强栽培管理，适当稀植，采用高畦栽培 （2）用小水浇灌，严禁大水漫灌，雨天注意防漏，有条件的地区采用滴灌技术可较好地控制病害 （3）剪草后彻底清除草屑
2	化学防治	可应用粉尘剂或烟雾剂防治

9.红线病

红线病是发生在生长缓草坪草上的一种病害。

（1）特征。草坪上出现环形或不规则形状、直径为5～50厘米、红褐色的病草斑块。

红线病很容易辨认，它在叶片或叶叶鞘上有粉红色子座。在早晨有露水时，子座呈胶状或肉质状。当叶干时，子座也发干，呈线状，变薄。从远处看，被侵染的草坪呈现缺水状态，从近一点距离看，它像是有长孺孢叶斑病菌，直接在草坪上。特别是在紫羊茅上，该病与核盘菌所引起的银元斑病相似。仔细观察叶片，呈现粉红色子座。

（2）诱发因素。病菌以子座和休眠菌丝在寄主组织中生存。在温度低于21℃潮湿条件下发病。在春、秋有毛毛雨，是发病的严重时期。病害是由于子座生长由这株传到另一株而扩展。当子座破裂，它能被风带到很远的地方；它们也能通过刈割设备进行传播。

（3）防治方法。防治方法如表7-13所示。

表7-13　红线病的防治方法

序号	防治方法	具体说明
1	栽培管理	在夏末按计划施用氮肥是关键。最后施用氮肥的日期可以调整，进而使草在下雪前有足够的时间锻炼得更耐寒，然后考虑使用杀菌剂防治红线病
2	化学防治	防治红线病的杀菌剂有：百菌清、放线菌酮、放线菌酮加福美双

10.全蚀病

（1）特征。草坪产生枯黄至淡褐色小型枯草斑，可周年扩大，夏末受干热天气的影响，症状尤为明显，病株变暗褐色至红褐色。发病草坪夏末至秋冬病情逐渐加重，冬季若较温暖，病原菌仍不停止活动，翌年晚春剪股颖草坪就出现新的发病中心。冬季枯草斑变灰色。草坪上枯草斑圆形或环带状，每年可扩大15厘米，直径可达1米以上，但也有些枯草斑短暂出现，不扩展。

（2）诱发因素。土壤严重缺磷或氮、磷比例失调，将加重全蚀病发生。土壤pH值升高时，全蚀病发病较重，在酸性土壤中发病较轻。保肥、保水能力差的沙土地利于发病。

（3）防治方法。防治方法如表7-14所示。

表7-14　全蚀病的防治方法

序号	防治方法	具体说明
1	栽培管理	（1）发病早期铲除病株和枯草斑 （2）增施有机肥和磷肥，保持氮、磷比例平衡，合理排灌，降低土壤湿度 （3）病草坪不施或慎施石灰 （4）在播种前，均匀撒施硫酸铵和磷肥做基肥
2	化学防治	发病前期往草的基部和土表喷施三唑酮或三唑类内吸杀菌剂，防治效果明显

11.粉雪霉病

冷季型草均易感病。主要寄主为一年生早熟禾、翦股颖。次要寄主为羊茅属种、草地早熟禾、粗茎早熟禾、黑麦草属种。

（1）特征。当气候条件长期湿冷时，圆枯斑开始出现。病斑早期为直径小于5厘米的水浸状小圆斑点。病斑颜色很快从橘褐色变为深褐色，进而转为浅灰色。病斑直径通常小于20厘米，但特殊条件下病斑可合并，并可无限扩大，造成大面积草坪死亡。

（2）诱发因素。在积雪期长，同时积雪下的土壤未冰冻的地区易发此病。在部分地区此病可常年发生。当降雪、雪融化反复出现时，草坪易发病。此病发生等最适条件为高湿，气温在0～8℃范围。个别病原菌菌株可在−6℃下生长。当叶表水膜存留期长、浓雾、毛毛雨频繁时，即使气温在18℃，此病也可能严重发生。病原菌在气温21℃时停止侵染为害。表土层约2.5厘米范围内的酸碱度在pH值大于6.5时，利于此病发生。

（3）侵染循环。病原以菌丝体和大型分生孢子随染病组织或植物残体在土壤或枯草层中越夏。在晚秋初冬当环境条件有利于病原时，菌丝体从染病组织或植物残体长出或有分生孢子萌发通过叶茎伤口或气孔侵染叶片和叶鞘。在适宜湿润环境条件下和温度介于冰点到16℃时侵染点迅速扩大。在温暖晴朗的天气情况下同时草冠干燥时此病停止为害。冬季病菌在雪层下以菌丝体扩展蔓延；春季产生分生孢子和子囊孢子随气传播。分生孢子和染病残体易被草坪维护机械设备、人员、动物携带传播疾病。也可经带菌草坪或种子传播。主要传播途径为人员活动（如病原菌粘到高尔夫球员的鞋和球棒上）和雨水（包括灌溉用水）的溅泼作用。

二、草坪主要虫害防治

草坪植物的虫害，相对于草坪病害来讲，对于草坪的危害较轻，比较容易防治，但如果防治不及时，亦会对草坪造成大面积的危害。按其危害部分的不同，草坪害虫可分为地下害虫和茎叶部害虫两大类。

草坪主要虫害防治，具体如表7-15所示。

三、草坪杂草防治

草坪中的杂草主要有马唐、牛筋草、稗草、水蜈蚣、香附子、天胡荽、一点红、酢浆草、白三叶草等。这些杂草密度大，生长迅速，竞争力强，对草坪生长构成严重威胁。

草坪杂草的防治措施如下。

（一）草坪杂草的物理防除

1.播种前防除

坪床在播种或营养繁殖之前，用手工拔除杂草，或者通过土壤翻耕机具，在翻挖的同时清除杂草。

对于有地下蔓生根茎的杂草可采用土壤休闲法，即夏季在坪床不种植任何植物，且定期地进行耙、锄作业，以杀死杂草可能生长出来的营养繁殖器官。

2.手工除草

手工除草是一种古老的除草法，污染少，在杂草繁衍生长以前拔除杂草可收到良好的防除效果。拔除的时间是在雨后或灌水后，将杂草的地上、地

表7-15　草坪主要虫害防治

虫害名称	发生时期	虫害形态	危害	防治方法	备注
蚂蚁	春夏秋季	成虫	撕破草坪草的根系，采食草坪草种子或啃伤幼苗，蚁洞影响草坪景观质量	(1) 适时用硫耙或对草坪进行碾压 (2) 在蚁巢中施入熏蒸剂或普通杀虫剂	使用药剂防治效果不会很明显
蛴螬	4～5月 8～9月	幼虫、成虫（金龟子）	咬断草根，使草坪不费力的从地面拔起，形成大面积草坪死亡的枯草斑。严重时会造成草坪大面积死亡	使用杀虫灯诱杀成虫，直接降低蛴螬数量	
蝼蛄	春秋季	成虫	咬食地下的种子、幼根和嫩茎，使植株枯萎死亡。在表土层穿行，打出纵横的隧道，使植物根系失水、干枯而死	使用杀虫灯诱杀（用炒香的麦麸加入杀虫剂支撑毒饵）	
地老虎	春夏秋季	幼虫	低龄幼虫将叶片啃成空洞、缺刻，大龄幼虫傍晚或夜间咬断草坪的近地表的颈部，使整株死亡	傍晚喷施菊酯类杀虫剂	
夜蛾类	7～10月	幼虫	群体聚集，沿叶边缘咀嚼叶片，造成草坪秃斑，严重时可在一夜之间将草坪大面积吃光	用溴清菊酯、敌百虫、马拉硫磷等杀虫剂喷施防治。使用杀虫灯诱杀成虫	爆发性害虫，3龄前进行化学防治最有效
螨类	春秋季	成虫	以刺吸式口器取食植物枝叶，被害叶片片退绿、发白，逐渐变黄而枯萎	用专用杀螨剂直接对危害区域部位喷施	必要时重复使用
蝗虫	夏秋季	成虫、若虫	取食叶片或嫩茎，咬成缺刻，大发生时可把植物吃成光杆或全部吃光	(1) 2.5%敌百虫粉剂等杀虫剂施入草坪中 (2) 严重时用剪草机或滚碾碾压 (3) 配合栽植措施减少粗放的面积	只在大环境干旱时才发生危害
蚜虫	春夏秋季	成虫、若虫	群集于植物上刺吸，严重时导致生长停歇，植株发黄、枯萎，蚜虫排泄的蜜露会引发毒菌，污染植株，还可招来蚂蚁，进一步造成危害	40%氧化乐果乳油，50%灭蚜净乳油，2.5%敌百虫粉剂	很多新型药剂可以保护型药剂使用
蚯蚓	夏季		取食土壤中的有机质，草坪枯草、烂根等，将粪便排泄于地表上，形成凹凸不平的土堆。影响草坪的质量，雨季最易发生，雨后易会钻出草坪		

下部分同时拔除。手工除草的要领为：

（1）一般少量杂草或无法用除草剂的草坪杂草采用人工拔除。

（2）人工除草按区、片、块划分，定人、定量、定时地完成除草工作。

（3）应采用蹲姿作业，不允许坐地或弯腰寻杂草。

（4）应用辅助工具将草连同草根一起拔除，不可只将杂草的上部分去除。

（5）拔出的杂草应及时放于垃圾桶内，不可随处乱放。

（6）除草应按块、片、区依次完成。

3. 滚压防除

对早春已发芽出苗的杂草，可采用质量为100 ~ 150千克的轻滚筒轴进行交叉滚压消灭杂草幼苗，每隔2 ~ 3星期滚压1次。

4. 修剪防除

对于依靠种子繁殖的一年生杂草，可在开花初期进行草坪低修剪，使其不能结实而达到将其防除的目的。

（二）化学除草

化学除草是使用化学药剂引起杂草生理异常导致其死亡，以达到杀死杂草的目的。

化学除草的优点是劳动强度低，除草费用低，尤其适于大面积除草。缺点是容易对环境造成一定的污染和破坏。

使用除草剂进行化学除草，应注意如表7-16所示几点。

表7-16　化学除草的注意事项

序号	注意事项	说明
1	杂草状态	不要等杂草太大或太小时喷药，一般在杂草三叶期至分蘖前喷药效果好。当杂草太大时喷药，见效慢，效果差；当杂草太小时，叶片面积小，吸收药量不够不足以致死
2	水分	喷除草剂时，若有少量喷水或降雨，将叶片上的灰尘洗掉，利于除草剂吸收。除草剂分子在湿土土壤胶粒外表通过水的作用，能很快形成药膜层。但过大的喷水或降雨，则会稀释除草剂，降低除草剂效果，且增加草坪根系的吸收量，危及草坪安全。因此施药后，应在8小时后喷水，以免冲掉药液

续表

序号	注意事项	说明
3	光照	晴天喷药效果更好。光照使杂草对除草剂的吸收及传导速度提高，晴天大气湿度小，有利于药液雾滴快速下沉，可减少喷雾过程中除草剂的逸失
4	风力	喷药时，最好是无风天气，至少小于二级风。风会造成药液飘移，降低单位面积药剂投放量，降低药效，且可能使周围其他植物产生药害。若二级以上风，可适当加大浓度（加大15% ～ 30%）、药量、喷头孔径。若喷药者前进方向逆风，可倒退喷药，以免中毒
5	操作	喷药人员喷药时，应穿安全服（口罩、手套、工作服）。大面积喷药时，要作标记，防止重复或漏喷。喷完后，先清洗器械，并用洗衣粉泡24小时，然后用洗衣粉清洗身体暴露部位，再用香皂清洗

✖️ 学习回顾

1.如何确定草坪修剪的高度？

2.如何确定草坪修剪的频率和周期？

3.如何把握草坪施肥时间及次数？

4.草坪施肥有哪几种方式？

5.如何给草坪通气？

6.草坪病害的原因是什么？

7.如何防治常见草坪的虫害？

8.如何除草坪的杂草？

✏️ 学习笔记

_____

_____

_____

_____

_____

第八章　树木的养护与管理

本章学习目标

1. 了解树木灌溉与排水的常识。
2. 了解杂草防治的常识。
3. 了解树木整形修剪的常识。
4. 了解树木施肥的常识。
5. 了解树木病虫害防治的常识。
6. 了解树体的保护和修补常识。
7. 了解树木冬季防冻害的常识。

第一节　树木灌溉与排水

水分是植物的基本组成部分，植物体重的40%～80%是由水分组成的，当土壤内水分含量为10%～15%时，地上部分停止生长，当土壤内含水量低于7%时，根系生长停止。水分过多则产生无氧呼吸，甚至死亡。所以，灌溉与排水是物业树木养护工作中的重要一环。

一、树木灌水与排水的原则

（一）气候、季节对灌排水的要求

不同气候、不同时期对灌排水的要求不同，如表8-1所示。

表8-1 不同季节的灌排水要求

序号	季节	灌排水的要求
1	春季	春雨贵如油时应灌水，梅雨时排水
2	夏季	高温干旱灌水，暴雨时排水
3	秋季	一般不灌水，秋旱无雨适当灌溉
4	冬季	上冻前灌封冻水

（二）树种、栽植年限对灌排水的要求

（1）不同树种对水分要求不同，不耐旱树种灌水次数要多些，耐旱性树种次数可少些。（刺槐、国槐、侧柏、松树等）。

（2）新栽植的树木除连续灌三次水外，还必须连续灌水3～5年，以保证成活。

> ❓ **小提示**
>
> 排水也要及时，先排耐旱树种，后排耐淹树种，如柽柳、榔榆、垂柳、旱柳等均能耐3个月以上的深水淹浸。

（三）根据不同的土壤情况进行灌排水

沙土地易漏水，应"小水勤浇"，低洼地也要"小水勤浇"，而黏土保水力强可减少灌水量和次数，增加通气性。

（四）灌水应与施肥、土壤管理相结合

应在施肥前后灌水，灌水后进行中耕锄草松土做到"有草必锄、雨后必锄、灌水后必锄"。

二、灌水

（一）灌水的时期

灌水的时期可分为休眠期灌水和生长期灌水两种。

1.休眠期灌水

秋末冬初灌"冻水"，提高树木越冬能力，也可防止早春干旱，对幼年树木更为重要。早春灌水使树木健壮生长，是花果繁茂的关键。

2.生长期灌水

生长期灌水的要求如表8-2所示。

表8-2　生长期灌水的要求

序号	要求	具体说明
1	花前灌水	萌芽后结合施花前肥进行灌水
2	花后灌水	花谢后半个月左右，是新梢生长旺盛期，水分不足会抑制新梢生长，此时缺水易引起大量落果
3	花芽分化期灌水	在新梢生长缓慢期或停止生长时，花芽开始分化，此时是果实迅速生长时期，如果水分不足则影响果实生长和花芽分化，所以在新梢生长停止前及时适量灌溉，可以促进春梢生长而抑制秋梢生长，有利于花芽分化及果实发育

在北方一般年份，全年灌水6次。应安排在3月、4月、5月、6月、9月、11月各1次。干旱年份和土质不好或因缺水生长不良者应增加灌水次数。在西北干旱地区，灌水次数应更多一些。

（二）灌水量

灌水量与树种、土壤、气候条件、树体大小生长情况有关。

耐旱树种灌水量要少些，如松类。不耐旱树种灌水量要多些，如水杉、马褂木等。适宜灌水量以达土壤最大持水量的60%～80%为标准。大树灌水量以能渗透深达80～100厘米为宜。

（三）灌水方法与要求

1.灌水的方法

灌水的方法有如图8-1所示几种。

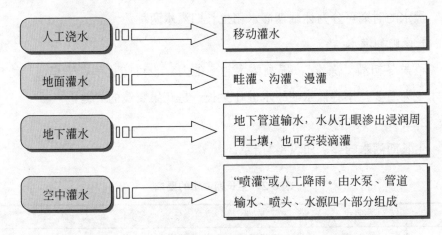

人工浇水	移动灌水
地面灌水	畦灌、沟灌、漫灌
地下灌水	地下管道输水，水从孔眼渗出浸润周围土壤，也可安装滴灌
空中灌水	"喷灌"或人工降雨。由水泵、管道输水、喷头、水源四个部分组成

图8-1 灌水的方法

2.灌水的顺序

灌水的顺序为如图8-2所示。

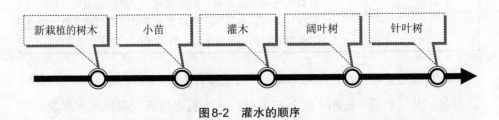

新栽植的树木 → 小苗 → 灌木 → 阔叶树 → 针叶树

图8-2 灌水的顺序

3.常用水源和引水方式

水源：河水、塘水、井水、自来水，也可利用生活污水或没有（不含）有害有毒物质的水。

引水方式：担水、水车运水、胶管引水、渠道引水和自动化管道引水。

4.质量要求

灌水堰在树冠垂直投影线下，浇水要均匀，水量足，浇后封堰，夏季早晚浇水，冬季在中午前后浇水。

（四）灌水注意事项

（1）不论是自来水还是河道水或者是污水都可以用作灌溉水，但必须对植物无毒害作用。灌溉前先松土，灌溉后待水分渗入土壤，土表层稍干时，进行松土保墒。

（2）夏季灌溉应该选择在早晚进行，冬季应该在中午左右进行为宜。

（3）如果有条件可以适当加入薄肥一起灌溉，以提高树木的耐旱力。

三、排水

（一）排水的必要性

土壤中的水分与空气是互为消长的。排水的作用是减少土壤中多余的水分，增加土壤空气的含量，促进土壤空气与大气的交流，提高土壤温度，激发好气性微生物活动，加快有机质的分解，改善树木营养状况，使土壤的理化性状全面改善。

（二）排水的条件

在有如图8-3所示情况之一时，就需要进行排水。

情况一	树木生长在低洼地，当降雨强度大时，汇集大量地表径流，且不能及时宣泄，而形成季节性涝湿地
情况二	土壤结构不良，渗水性差，特别是土壤下面有坚实的不透水层，阻止水分下渗，形成过高的假地下水位
情况三	园林绿地临近江河湖海，地下水位高或雨季易遭淹没，形成周期性的土壤过湿

图8-3

情况四	平原与山地城市，在洪水季节有可能因排水不畅，形成大量积水，或造成山洪爆发

情况五	在一些盐碱地区，土壤下层含盐量高，不及时排水洗盐，盐分会随水的上升而到达表层，造成土壤次生盐渍化，对树木生长很不利

图8-3 需要排水的情况

（三）排水的方法

应该说，园林绿地的排水是一项专业性基础工程，在园林规划及土建施工时就应统筹安排，建好畅通的排水系统。园林树木的排水通常有表8-3所示三种方法。

表8-3 排水的方法

序号	方法	具体说明
1	地表径流	将地面整成一定的坡度，坡度常在0.1%～0.3%，保证雨水能从地表顺畅排走。这是绿地最常用的排涝方法
2	明沟排水	在地表挖明沟将低洼处的水引到出水处。此法用于大雨后抢排积水；或地势高低不平不易实现地表径流的绿地，沟宽窄视水情而定，沟底坡度在0.2%～0.5%
3	暗沟排水	在地下埋设管道或砌筑暗沟，将低洼处的积水引出。此法可保证地表整洁，便于交通，但造价高

第二节 杂草防治

种植花草树木的地方都不允许滋生杂草。如有杂草，应该人工拔掉。在铺覆盖层前喷施一次出苗前除草剂，以减少野草生长。

一、松土除草

（1）夏季更有必要进行松土除草，此时杂草生长很快，同时土壤干燥、坚硬，浇水不易渗入土中。

（2）树盘附近的杂草，特别是蔓藤植物，严重影响树木生长，更要及时铲除。

（3）松土除草，从4月开始，一直到9月、10月为止。在生长旺季可结合松土进行除草，一般20～30天一次。

（4）除草深度以掌握在3～5厘米为宜，可将除下的枯草覆盖在树干周围的土面上，以降低土壤辐射热，有较好的保墒作用。

二、化学除草

（一）防除春草

春季主要除多年生禾本科宿根杂草，每亩可用10%草甘磷0.5～1.5千克，加水40～60千克喷雾（用机动喷雾器时可适当增加用水量）。灭除马唐草等一年生杂草，可选用25%敌草隆0.75千克，加水40～50千克，作茎叶或土壤处理。

（二）防除夏草

每亩用10%草甘磷500克或50%扑草净500克或25%敌草隆500～750克，加水40～50千克喷雾，一般在杂草高15厘米以下时喷药或进行土壤处理。茅草较多的绿地，可选用10%草甘磷1.5千克/亩，加40%调节膦0.25千克，在茅草割除后的新生草株高50～80厘米时喷洒。

（三）注意事项

操作过程中，喷洒除草剂要均匀，不要触及树木新展开的嫩叶和萌动的幼芽。除草剂用量不得随意增加或减少，除草后应加强肥水和土壤管理，以免引起树体早衰。使用新型除草剂，应先行小面积试验后再扩大施用。

第三节　树木的整形修剪

修剪是指对乔灌木的某些器官，如芽、干、枝、叶、花、果、根等进行剪截、疏除或其他处理的具体操作。整形是指为提高园林植物观赏价值，按其习性或人为意愿而修整成为各种优美的形状与树姿。修剪是手段，整形是目的，两者紧密相关，统一于一定的栽培管理的要求下。在土、肥、水管理的基础上进行科学地修剪整形，是提高园林绿化水平的一项重要技术环节。

一、整形修剪的时期

从总体上看，一年中的任何时候都可对树木进行修剪，生产实践中应灵活掌握，但最佳时期的确定应至少满足如图8-4所示两个条件。

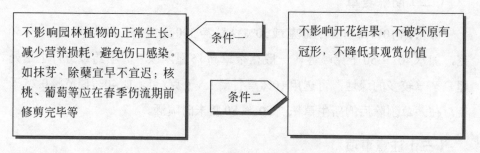

图8-4　最佳整形修剪时期的确定条件

二、修剪的分类

（一）休眠期修剪（冬季修剪）

落叶树从落叶开始至春季萌发前，树木生长停滞，树体内营养物质大都回归根部储藏，修剪后养分损失最少，且修剪的伤口不易被细菌感染腐烂，对树木生长影响较小，大部分树木的修剪工作在此时间内进行。

冬季修剪对树冠构成，枝梢生长、花果枝的形成等有重要作用，一般采用截、疏、放等修剪方法。

凡剪后易成伤流（剪除枝条后，从剪口流出液汁，叫伤流）的，如葡萄必须在落叶后防寒前修剪，核桃、枫杨、元宝枫等在10月落叶前修剪为宜。

（二）生长期修剪

在植物的生长期进行修剪。此期花木枝叶茂盛，影响到树体内部通风和采光，因此需要进行修剪。一般采用抹芽、除蘖、摘心、环剥、扭梢、曲枝、疏剪等修剪方法。

三、修剪工具

不同的树木应用的修剪工具是不一样的，如表8-4所示。

表8-4　不同的树木应用的修剪工具

序号	类别	修剪工具
1	乔木	高枝剪、高枝锯、截枝剪、截锯、小枝剪、人字梯、手套、牵引绳索、斗车、警示牌安全带、安全绳、安全帽、工作服、胶鞋等
2	灌木	绿篱机、绿篱剪、小枝剪、手套、扫把、垃圾铲、斗车、垃圾袋、警示牌等

四、修剪程序

应严格按照"一知、二看、三剪、四拿、五处理"的修剪程序进行，如图8-5所示。

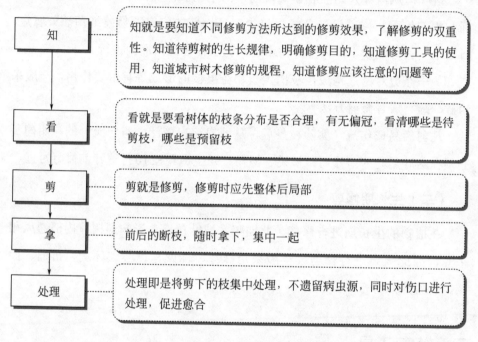

图8-5 修剪程序

五、修剪的方法

归纳起来，修剪的基本方法有"截、疏、伤、变、放"五种，实践中应根据修剪对象的实际情况灵活运用。

（一）截

截是将乔灌木的新梢、一年生或多年生枝条的一部分剪去，以刺激剪口下的侧芽萌发，抽发新梢，增加枝条数量，多发叶多开花。它是乔灌木修剪整形最常用的方法。

如图8-6所示的情况要用"截"的方法进行修剪。

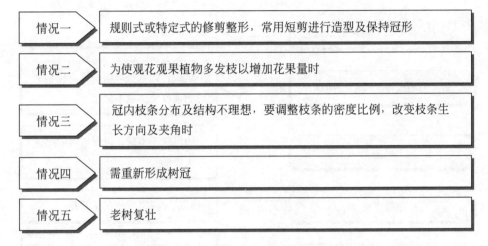

情况一	规则式或特定式的修剪整形，常用短剪进行造型及保持冠形
情况二	为使观花观果植物多发枝以增加花果量时
情况三	冠内枝条分布及结构不理想，要调整枝条的密度比例，改变枝条生长方向及夹角时
情况四	需重新形成树冠
情况五	老树复壮

图8-6　要用"截"的方法进行修剪的情况

（二）疏

疏又称疏剪或疏删，即把枝条从分枝点基部全部剪去。疏剪主要是疏去膛内过密枝，减少树冠内枝条的数量，调节枝条均匀分布，为树冠创造良好的通风透光条件，减少病虫害，增加同化作用产物，使枝叶生长健壮，有利于花芽分化和开花结果。

1.疏的要求

为落叶乔木疏枝时，剪锯口应与着生枝平齐，不留枯桩。为灌木疏枝，要齐地皮截断。为常绿树疏除大枝时，要留1～2厘米的小桩子，不可齐着生长枝剪平。

2.疏剪的对象

疏剪的对象主要是病虫枝、伤残枝、干枯枝、内膛过密枝、衰老下垂枝、重叠枝、并生枝、交叉枝及干扰树形的竞争枝、徒长枝、根蘖枝等。

3.疏剪的强度

疏剪强度可分为轻疏（疏枝量占全树枝条的10%或以下）、中疏（疏枝量占全树的10%～20%）、重疏（疏枝量占全树的20%以上）。疏剪强度依植物的种类、生长势和年龄而定，如图8-7所示。

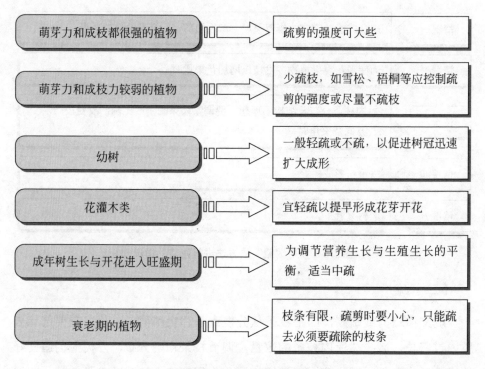

图8-7 疏剪强度的确定

（三）伤

伤是用各种方法损伤枝条，以缓和树势、削弱受伤枝条的生长势。如环剥、刻伤、扭梢、折梢等。伤主要是在植物的生长季进行，对植株整体的生长不影响。伤的种类如表8-5所示。

（四）变

改变枝条生长方向，控制枝条生长势的方法称为变。如用曲枝、拉枝、抬枝等方法，将直立或空间位置不理想的枝条，引向水平或其他方向，可以加大枝条开张角度，使顶端优势转位、加强或削弱。

表8-5　伤的种类

序号	种类	具体说明
1	目伤	在芽或枝的上方或下方进行刻伤，伤口形状似眼睛所以称为目伤。伤的深度达木质部。若在芽或枝的上方切刻，由于养分和水分受切口的阻隔而集中该芽或枝上，可使生长势加强；若在芽或枝的下方切刻，则生长势减弱，但由于有机营养物质的积累，有利于花芽分化
2	横伤	对树干或粗大主枝横砍数刀，深及木质部。阻止有机养分下运，促进花芽分化，促进开花结实，达到丰产的目的
3	纵伤	在枝干上用刀纵切，深及木质部。主要目的是减少树皮的束缚力，有利于枝条的加粗生长。小枝可行一条纵伤，粗枝可纵伤数条

（五）放

放又称缓放、甩放或长放，即对1年生枝不剪，任其自然延伸生长。缓放对增加枝的生长点和全树的总生长量有好处。短、中、长枝缓放后不但萌芽力高，而且很容易形成短枝花芽。

（1）幼树、旺树，常以长放缓和树势，促进提早开花、结果。

（2）长放用于中庸树、平生枝、斜生枝效果更好，但对幼树骨干枝的延长枝或背生枝、徒长枝不能长放。

（3）弱树也不宜多用长放。

六、修剪需注意的问题

（一）剪口与剪口芽

1. 剪口太平坦或者斜面太大

短截的剪口要平滑，呈45°角的斜面；疏剪的剪口，将分支点剪去，与树干平，不留残桩。

2. 芽上部留得过长

从剪口芽的对侧下剪，斜面上方与剪口芽尖相平，斜面最底部与芽基相平，这样剪口的面小，容易愈合，芽萌发后生长快。

3.剪口芽方向相反

剪口芽的方向、质量，决定新梢的生长方向和枝条的生长方向。选择剪口芽的方向应从树冠内枝条的分布状况和期望新枝长势的强弱来考虑，需要向外扩张树冠时，剪口芽应留在枝条外侧，如遇填补内腔空虚，剪口芽方向应朝内，对于生长过快的枝条，为抑制其生长，以弱芽当剪口芽，复壮弱枝时选择饱满的壮芽作为剪口芽。

（二）大枝的剪除

（1）将枯枝或无用的老枝、病虫枝等全部剪除时，为了尽量缩小伤口，用自分枝点的上部斜向下部剪下，伤口不大，很易愈合。

（2）回缩多年生大枝时，往往会萌生徒长枝，为了防止徒长枝大量抽生，可先行疏枝和重短截。

（3）如果多年生枝较粗，必须用锯子锯除，可先从下方浅锯伤，再从上方锯下。

（三）剪口的保护

若剪枝或截干造成剪口创伤面大，应用锋利的刀削平伤口，用硫酸铜溶液消毒，再涂保护剂，以防止伤口由于日晒雨淋、病菌入侵而腐烂。常用的保护剂有如表8-6所示的两种。

表8-6 常用的剪口保护剂

序号	种类	操作说明
1	保护蜡	用松香、黄蜡、动物油按5：3：1比例熬制而成。熬制时先将动物油放入锅中用温火加热，再加松香和黄蜡，不断搅拌至全部溶化即可。由于冷却后会凝固，涂抹前需要加热
2	豆油铜素剂	用豆油、硫酸铜、熟石灰按1：1：1比例制成。配制时先将硫酸铜、熟石灰研成粉末，将豆油倒入锅内煮至沸腾，再将硫酸铜与熟石灰加入油中搅拌，冷却后即可使用

（四）注意安全

上树修剪时，所有用具、机械必须灵活、牢固，防止发生事故。修剪行道树时注意高压线路，并防止锯落的大枝砸伤行人与车辆。

（五）职业道德

（1）修剪工具应锋利，修剪时不能造成树皮撕裂、折枝断枝。

（2）修剪病枝的工具，要用硫酸铜消毒后再修剪其他枝条，以防交叉感染。

（3）修剪下的枝条应及时收集，有的可作插穗、接穗备用，病虫枝则需堆积烧毁。

（六）冬剪要掌握火候

原则上一些徒长枝、交叉枝和重叠枝都应去除，但实际处理中还要视具体树种和树势酌情处理。如：白玉兰、西府海棠等树种，其萌芽力与成枝力都弱，长枝少，平行枝多，并易生徒长枝，但冬剪时一般不做疏除处理而用开角或拉枝等方式来改造树形，以达到早冠、多花、多果的目的。盲目剪去会严重削弱树势，造成冠部空虚，并在短时间内很难恢复。

七、行道树的修剪

（一）修剪的基本要求

（1）整体效果，树冠整齐美观，分枝匀称，通风透光。

（2）树高10～17米，冠:高为1:2，最低分枝应2米以上，下缘线1.8～2.5米。不影响高压线、路灯、交通指示牌。

（二）行道树修剪安排

从5月份起，生长期每月修剪一次。冬末春初可进行一次重剪。

（三）行道树的几种造型

1.杯状形的修剪

杯状形行道树具有典型的三叉六股十二枝的冠形，主干高在2.5～4米。整形工作是在定植后5～6年内完成，悬铃木常用此树形。

骨架完成后，树冠扩大很快，疏去密生枝、直立枝，促发侧生枝，内膛枝可适当保留，增加遮阴效果。上方有架空线路，勿使枝与线路触及，按规定保持一定距离。一般电话线为0.5米，高压线为1米以上。近建筑物一侧的行道树，为防止枝条扫瓦、堵门、堵窗，影响室内采光和安全，应随时对过长枝条进行短截修剪。

生长期内要经常进行抹芽，抹芽时不要扯伤树皮，不留残枝。冬季修剪时把交叉枝、并生枝、下垂枝、枯枝、伤残枝及背上直立枝等截除。

2.自然开心形的修剪

由杯状形改进而来，无中心主干，中心不空，但分枝较低。定植时，将主干留3米或者截干，春季发芽后，选留3～5个位于不同方向、分布均匀的侧枝进行短剪，促枝条长成主枝，其余全部抹去。生长季注意将主枝上的芽抹去，只留3～5个方向合适、分布均匀的侧枝。来年萌发后选留侧枝，全部共留6～10个，使其向四方斜生，并行短截，促发次级侧枝，使冠形丰满、匀称。

3.自然式冠形的修剪

在不妨碍交通和其他公用设施的情况下，树木有任意生长的条件时，行道树多采用自然式冠形，如尖塔形、卵圆形、扁圆形等。

有中央领导枝行道树，如杨树、水杉、侧柏、金钱松、雪松等，分枝点的高度按树种特性及树木规格而定，栽培中要保护顶芽向上生长。郊区多用高大树木，分枝点在4～6米以上。主干顶端如损伤，应选择一直立向上生长的枝条或壮芽处短剪，并把其下部的侧芽打去，抽出直立枝条代替，避免形成多头现象。

无中央领导枝行道树，如榆树等，在树冠下部留 5～6 个主枝，各层主枝间距要短，以利于自然长成卵圆形或扁圆形的树冠。每年修剪密生枝、枯死枝等。

八、灌木的修剪

（一）灌木的养护修剪要求

（1）应使丛生大枝均衡生长，使植株保持内高外低、自然丰满的圆球形。

（2）定植年代较长的灌木，如灌丛中老枝过多时，应有计划地分批疏除老枝，培养新枝。但对一些为特殊需要培养成高干的大型灌木，或茎干生花的灌木（如紫荆等）均不在此列。

（3）经常短截突出灌丛外的徒长枝，使灌丛保持整齐均衡，但对一些具拱形枝的树种（如连翘等），所萌生的长枝则例外。

（4）植株上不作留种用的残花废果，应尽量及早剪去，以免消耗养分。

（二）灌木的分类及修剪要求

按照树种的生长发育习性，可分为如表8-7所示几类。

表8-7　灌木的分类及修剪要求

序号	分类	修剪要求
1	先开花后发叶的种类	可在春季开花后修剪老枝并保持理想树形。用重剪进行枝条更新，用轻剪维持树形。对于连翘、迎春等具有拱形枝的树种，可将老枝重剪，促使萌发强壮的新枝，充分发挥其树姿特点
2	花开在当年新梢的种类	在当年新梢上开花的灌木应在休眠期修剪。一般可重剪使新梢强健，促进开花。对于一年多次开花的灌木，除休眠期重剪老枝外，应在花后短截新梢，改善下次开花的数量和质量
3	观赏枝叶的种类	这类灌木最鲜艳的部位主要在嫩叶和新叶上，每年冬季或早春宜重剪，促使萌发更健壮的枝叶，应注意删剪失去观赏价值的老枝

续表

序号	分类	修剪要求
4	常绿阔叶类	这类灌木生长比较慢，枝叶匀称而紧密，新梢生长均源于顶芽，形成圆顶式的树形。因此，修剪量要小。轻剪在早春生长以前，较重修剪在花开以后。速生的常绿阔叶灌木，可像落叶灌木一样重剪。观形类以短截为主，促进侧芽萌发，形成丰满的树形，适当疏枝，以保持内膛枝充实。观果的浆果类灌木，修剪可推迟到早春萌芽前进行，尽量发挥其观果的观赏价值
5	灌木的更新	灌木更新可分为逐年疏干和一次平茬。逐年疏干即每年从地径以上去掉1～2根老干，促生新干，直至新干已满足树形要求时，将老干全部疏除。一次平茬多应用于萌发力强的树种，一次删除灌木丛所有主枝和主干，促使下部休眠芽萌发后，选留3～5个主干

九、绿篱的修剪

（一）不同形状绿篱的修剪

根据篱体形状和程度，可分为自然式和整形式等，自然式绿篱整形修剪程度不高，如表8-8所示。

表8-8　不同形状绿篱的修剪要求

序号	形状	修剪要求
1	条带状	（1）这是最常用的方式，一般为直线形，根据园林设计要求，亦可采取曲线或几何图形。根据绿篱断面形状，可以是梯形、方形、圆顶形、柱形、球形等。此形式绿篱的整形修剪较简便，应注意防止下部光秃 （2）绿篱定植后，按规定高度及形状，及时修剪，为促使其枝叶的生长最好将主尖截去1/3以上，剪口在规定高度5～10厘米以下，这样可以保证粗大的剪口不暴露，最后用大平剪绿篱修剪机，修剪表面枝叶，注意绿篱表面（顶部及两侧）必须剪平，修剪时高度一致，整齐划一，篱面与四壁要求平整，棱角分明，适时修剪，现缺株应及时补栽，以保证供观赏时已抽出新枝叶，生长丰满

续表

序号	形状	修剪要求
2	拱门式	即将木本植物制作成拱门，一般常用藤本植物，也可用枝条柔软的小乔木，拱门形成后，要经常修剪，保持既有的良好形状，并不影响行人通过
3	伞形树冠式	多栽于庭园四周栅栏式围墙内，先保留一段稍高于栅栏的主干，主枝从主干顶端横生，从而构成伞形树冠，在养护中应经常修剪主干顶端抽生的新枝和主干滋生的旁枝和根蘖
4	雕塑形	（1）选择枝条柔软、侧枝茂密、叶片细小又极耐修剪的树种，通过扭曲和蟠扎，按照一定的物体造型，由主枝和侧枝构成骨架，对细小侧枝通过绳索牵引等方法，使他们紧密抱合，或进行细微的修剪，剪成各种雕塑形状 （2）制作时可用几株同树种不同高度的植株共同构成雕塑造型 （3）在养护时要随时剪除破坏造型的新梢
5	图案式	（1）在栽植前，先设立支架或立柱，栽植后保留一根主干，在主干上培养出若干等距离生长均匀的侧枝，通过修剪或辅助措施，制造成各种图案 （2）也可以不设立支架，利用墙面进行制作

（二）绿篱的修剪时期

绿篱的修剪时期要根据树种来确定。绿篱栽植后，第一年可任其自然生长，使地上部和地下部充分生长，从第二年开始按确定的绿篱高度截顶，对条带状绿篱不论充分木质化的老枝还是幼嫩的新梢，凡超过标准高度的一律整齐剪掉。

1.常绿针叶树

常绿针叶树在春末夏初完成第一次修剪；盛夏前多数树种已停止生长，树形可保持较长一段时间；立秋以后，如果水肥充足，会抽生秋梢并旺盛生长，可进行第二次修剪，使秋冬季都保持良好的树形。

2.阔叶树种

大多数阔叶树种生长期新梢都在生长，仅盛夏生长比较缓慢，春、夏、秋三季都可以修剪。

3.花灌木

花灌木栽植的绿篱最好在花谢后进行，既可防止大量结实和新梢徒长，又可促进花芽分化，为来年或下期开花创造条件。

为了在一年中始终保持规则式绿篱的理想树形，应随时根据生长情况，剪去突出于树形以外的新梢，以免扰乱树形，并使内膛小枝充实繁密生长，保持绿篱的体形丰满。

（三）老绿篱的更新复壮

大部分阔叶树种的萌发和再生能力都很强，当年老变形后，可采用平茬的方法更新，因有强大的根系，一年内就可长成绿篱的雏形，两年后就能恢复原貌；也可以通过老干逐年疏伐更新。大部分常绿针叶树种，再生能力较弱，不能采用平茬更新的方法，可以通过间伐，加大株行距，改造成非完全规整式绿篱，否则只能重栽，重新培养。

十、藤木类的整形修剪

在一般园林绿地中的藤木类常采用表8-9所示的修剪方法。

表8-9　藤木类的整形修剪

序号	形状	修剪要求
1	棚架式	卷须类和缠绕类藤本植物常用这种修剪方式。在整形时，先在近地面处重剪，促使发生数枝强壮主蔓，引至棚架上，使侧蔓在架上均匀分布，形成荫棚。 像葡萄等果树需每年短截，选留一定数量的结果母株和预备枝；紫藤等不必年年修剪，隔数年剪除一次老弱病枯枝即可
2	凉廊式	常用于卷须类和缠绕类藤本植物，偶尔也用吸附类植物。因凉廊侧面有隔架，勿将主蔓过早引至廊顶，以免空虚
3	篱垣式	多用卷须类和缠绕类藤本植物。将侧蔓水平诱引后，对侧枝每年进行短截。葡萄常采用这种整形方式。侧蔓可以为一层，亦可为多层，即将第一层侧蔓水平诱引后，主蔓继续向上，形成第二层水平侧蔓，直至第三层，达到篱垣设计高度为止

续表

序号	形状	修剪要求
4	附壁式	多用于墙体等垂直绿化，为避免下部空虚，修剪时应运用轻重结合，予以调整
5	直立式	对于一些茎蔓粗壮的藤本，如紫藤等亦可整形成直立式，用于路边或草地中。多用短截，轻重结合

第四节　树木的施肥

植物需要不同数量和比例的养分以保持健康。在多数地区，即使土壤富含有机物，但仍需补充肥料。多数土壤往往某种养分不足，而其他养分又可能过剩。如前所述，需要的施肥量和养分比例应经过土壤试验后再确定。

一、施肥的季节

（1）灌木和平卧植物应在初春施肥。喜酸植物应施酸化肥料。

（2）落叶树和常绿树应在秋末落叶后施肥。

二、肥料的要求

肥料品种繁多，如表8-10所示。

表现萎黄症状（一种新旧枝叶全部变黄的现象）的乔木和灌木可根据需要施含螯合铁和其他微量营养素的肥料。状况不好的植物应施根部生长激素。叶面施肥后最好将土壤浇湿，以防产生植物毒性（烧落叶产生）。

表 8-10　肥料种类

序号	分类依据	类别	说明
1	根据肥料提供植物养分的特性和营养成分	无机肥料	分大量元素肥料（N、P、K），中量元素肥料（Ca、Mg、Na、S）和微量元素肥料（Fe、Mn、Zn、Cu、Mo、B、Cl）。大量元素肥料又按其养分元素的多寡，分为单元肥料（仅含一种养分元素）和复合肥料（含两种或两种以上养分元素），前者如氮肥、磷肥和钾肥；后者如氮磷、氮钾和磷钾的二元复合肥以及氮磷钾三元复合肥
		有机肥料	包括有机氮肥、合成有机氮肥等。中国习惯使用的有人畜禽粪尿、绿肥、厩肥、堆肥、沤肥和沼气肥等
		有机无机肥料	即半有机肥料，是有机肥料与无机肥料通过机械混合或化学反应而成的肥料
2	按肥料物理状态划分	固体肥料	固体肥料又分为粉状和粒状肥料
		流体肥料	流体肥料是常温常压下呈液体状态的肥料
3	按肥料的化学性质		可分为化学酸性、化学碱性和化学中性肥料
4	按肥料被植物选择吸收后对土壤反应的影响		可分为生理中性、生理碱性和生理酸性肥料
5	按肥料中养分对植物的有效性划公		可分为速效、迟效和长效肥料

三、肥料的施用技术

根据施肥方式，树木施肥可分为土壤施肥、根外施肥和灌溉施肥。

（一）土壤施肥

土壤施肥是大树人工施肥的主要方式，有机肥和多数无机肥（化肥）用土壤施肥的方式。土壤施肥应施入土表层以下，这样利于根系的吸收，也可以减少肥料的损失。有些化肥是易挥发性的；不埋入土中，损失很大。如碳酸氢铵，撒在地表面，土壤越干旱损失越大。硫酸铵试验，施入土表层以下1厘米、2厘米、3厘米，比施在土层表面减少的损失分别为36%、52%和60%。土壤施肥，可采用如表8-11所示几种方法。

表8-11　土壤施肥的方法

序号	施肥方法	具体说明
1	环状（轮状）施肥	环状沟应开于树冠外缘投影下，施肥量大时沟可挖宽挖深一些。施肥后及时覆土。适于幼树，太密植的树不宜用
2	放射沟（辐射状）施肥	由树冠下向外开沟，里面一端起自树冠外缘投影下稍内，外面一端延伸到树冠外缘投影以外。沟的条数4～8条，宽与深由肥料多少而定。施肥后覆土。这种施肥方法伤根少，能促进根系吸收，适于成年树，太密植的树也不宜用。第二年施肥时，沟的位置应错开
3	全圃施肥	先把肥料全园铺撒开，用楼耙与土混合或翻入土中。生草条件下，把肥撒在草上即可。全圃施肥后配合灌溉，效率高。这种方法施肥面积大，利于根系吸收，适于成年树、密植树
4	条沟施肥	苗圃树行间顺行向开沟，可开多条，随开沟随施肥，及时覆土。此法便于机械或畜力作业。国外许多苗圃用此法施肥，效率高，但要求果园地面平坦，条沟作业与流水方便

（二）根外施肥

包括枝干涂抹或喷施、枝干注射、叶面喷施。实际以叶面喷施的方法最常用。

1.枝干涂抹或喷施

适于给树木补充铁、锌等微量元素，可与冬季树干涂白结合一起做，方法是白灰浆中加入硫酸亚铁或硫酸锌，浓度可以比叶面喷施高些。树皮可以吸收营养元素，但效率不高；经雨淋，树干上的肥料渐向树皮内渗入一些，或冲淋到树冠下土壤中，再经根系吸收一些。

2.枝干注射

（1）可用高压喷药机加上改装的注射器，先向树干上打钻孔，再由注射器向树干中强力注射。用于注射硫酸亚铁（1%～4%）和螯合铁（0.05%～0.10%）防治缺铁症，同时加入硼酸、硫酸锌，也有效果。凡是缺微量元素均与土壤条件有关，在依靠土壤施肥效果不好的情况下，用树干注射效果佳。

（2）用木工钻在树体的基部钻洞孔数个，孔向朝下与树干呈30°夹角，深至髓心为度。孔径应和输液插头的直径相匹配。一般钻孔1～4个。输液孔的水平分布要均匀，纵向错开，不宜处于同一垂直线方向。

3.叶面喷施

叶面喷施的要求如图8-8所示。

要求一	喷施部位。喷洒时要多注意叶片的两面都喷到，特别是叶背的吸收能力更强，喷量要多；以雾滴布满为宜
要求二	喷施时间与次数。叶面喷肥时间要选在阴天或晴天的早晚进行为好，避免高温或暴晒影响喷施效果。喷施次数以多次连续为宜
要求三	喷施的时间以早晨五六点钟天刚亮时为最好，此时空气湿度大，溶液被吸收，傍晚日落后也可。雨前不能喷施，强光暴晒和大风天气亦不宜进行
要求四	要把叶片正反两面全喷到。喷后要保持1小时左右的湿润，以使液肥被充分吸收
要求五	浓度要适合，浓度过大会引起叶面烧伤，甚至导致死亡。以较低浓度为好
要求六	一般每隔5～7天1次，连续3～4次后停止施1次，以后再连续喷施

图8-8　叶面喷施的要求

（三）灌溉施肥

灌溉施肥是将肥料通过灌溉系统（喷灌、微量灌溉、滴灌）进行树木施肥的一种方法。灌溉施肥须注意以下几个问题：

（1）喷头或滴灌头堵塞是灌溉施肥的一个重要问题，必须施用可溶性肥料。

（2）两种以上的肥料混合施用，必须防止相互间的化学作用，以免生成不溶性的化合物，如硝酸镁与磷、氨肥混用会生成不溶性的磷酸铵镁。

（3）灌溉施肥用水的酸碱度以中性为宜，如碱性强的水能与磷反应生成不溶性的磷酸钙，会降低多种金属元素的有效性，严重影响施用效果。

四、追肥

在树木生长季节，根据需要施加速效肥，促使树木生长的措施，称施追肥（又称补肥）。

（一）追肥的方法

施肥的方法主要有以下两种。

（1）根施法：开沟或挖穴施在地表以下10厘米处，并结合灌水。

（2）根外追肥：将速效肥溶解于水喷洒在植物的茎叶上，使叶片吸收利用，可结合病虫防治喷施。

（二）追肥的施用技术

追肥的施用技术具体可概括为"四多、四少、四不和三忌"。

（1）四多：黄瘦多施，发芽前多施，孕蕾期多施，花后多施。

（2）四少：肥壮少施，发芽后少施，开花期少施，雨季少施。

（3）四不：徒长不施，新栽不施，盛暑不施，休眠不施。

（4）三忌：忌浓肥，忌热肥（指高温季节），忌坐肥。

第五节　树木的病虫害防治

一、树体异常情况表现

（一）整株树体异常情况的表现

整株树体的分析，具体如表8-12所示。

表8-12　整株树体的分析

序号	现象	原因	具体表现
1	正在生长的树体或树体的一部分突然死亡	束根	叶片形小、稀少或褪色、枯萎，整冠或一侧树枝从顶端向基部死亡
		雷击	树皮从树干上垂直剥落或完全分离（高树或在开阔地区生长的孤树）
2	原先健康的树体生长逐渐衰弱，叶片变黄、脱落，个别芽枯萎	根系生长不良	梢细短，叶形变小，植株渐萎叶缘或脉间发黄，萌芽推迟
		根部线虫	叶片形小、无光泽、早期脱落，嫩枝枯萎，树势衰弱
		根腐病	吸收根大量死亡，根部有成串的黑绳状真菌，根部腐烂
		空气污染	叶片变色，生长减缓
		光线不足	叶片稀少，色泽轻淡
		干旱缺水	叶缘或脉间发黄，叶片变黄，枯萎（干燥气候下）
		施水过量，排水不良	全株叶片变黄、枯萎，根部发黑
		施肥过量	施肥后叶缘褪色（干燥条件下）
		土壤pH值不适	叶片黄化失绿，树势减弱
		冬季冻伤	常绿树叶片枯黄、嫩枝死亡，主干裂缝、树皮部分死亡

续表

序号	现象	原因	具体表现
3	主干或主枝上有树脂、树液或虫孔	钻孔昆虫	主干上有树液（树脂）从孔洞中流出，树冠褪色，枝干上有钻孔，孔边有锯屑，枝干从顶端向基部死亡
		枯萎病	嫩枝顶端向后弯曲，叶片呈火烧状
		腐朽病	主干、枝干或根部有蘑菇状异物，叶片多斑点、枯萎
		癌肿病	主干、嫩枝上有明显标记，通常呈凹陷、肿胀状，无光泽
		细胞癌肿病	主干或主枝上有白色树脂斑点，叶片变色并脱落（挪威枫和科罗拉多蓝杉）

（二）叶片异常情况及其表现

叶片出现异常情况，具体如表8-13所示。

表8-13　叶片出现异常情况

序号	病因	表现
1	除草剂药害	叶片扭曲，叶缘粗糙，叶质变厚，纹理聚集，有清楚色带
2	蚜虫	叶片变黄、卷曲，叶面上有黏状物，植株下方有黑色黏状区域
3	叶螨虫	颜色不正常，伴随有黄色斑点或棕色带
4	啮齿类昆虫	叶片部分或整片缺失，叶片或枝干上可能有明显的蛛丝
5	卷叶昆虫	叶缘卷起，有蛛网状物
6	粉状霉菌	叶片发白或表面有白色粉末状生长物
7	铁锈病	叶表面呈现橘红色锈状斑，易被擦除，果实及嫩枝通常肿胀、变形
8	菌类叶斑	叶片布有从小到大的碎斑点，尺寸、形状和颜色各异
9	炭疽病	叶片具黑色斑点真菌体，边缘黑色或中心脱落成孔、有疤痕
10	白斑病	叶片有不规则死区
11	灰霉菌	叶片有茶灰色斑点，渐被生长物覆盖
12	黑霉菌	叶面斑点硬壳乌黑
13	花斑病毒	叶片呈现深绿或浅绿色、黄色斑纹，形成不规则的镶花式图案
14	环点病毒	叶片上呈现黄绿色或红褐色的水印状环形物

二、防治病虫

对于病虫危害严重的单株，更应高度引进重视，采取果断措施，以免蔓延。修剪下来的病虫残枝，应集中处置，不要随意丢弃，以免造成再度传播污染。

（一）涂干法

（1）每年夏季，在树干距地面40～50厘米处，刮去8～10厘米宽的一圈老皮。将40%氧化乐果乳剂加等量水，配成1∶1的药液，涂抹在刮皮处，再用塑料膜包裹，对梨圆蚧的防治率达96%。

（2）在蚜虫发生初期，用40%氧化乐果（或乐果）乳油7份，加3份水配成药液，在树干上涂3～6厘米宽的环。如树皮粗糙，可先将翘皮刮去再涂药。涂后用废纸或塑料膜包好，对苹果绵蚜的防治效果很好。

（3）在介壳虫虫体膨大但尚未硬化或产卵时，先在树干距地面40厘米处刮去一圈宽10厘米的老皮，露白为止。然后将40%的氧化乐果乳剂稀释2～6倍，涂抹刮处，随即用塑料膜包好。涂药10日后杀虫率可达100%。

（4）二星叶蝉成、若虫发生期（8月份），在主干分枝处以下，剥去翘皮，均匀涂抹40%氧化乐果原液或5～10倍稀释液，形成药环。药环宽度为树干直径的1.5～2倍，涂药量以不流药液为宜。涂好后用塑料膜包严，4天后防效可达100%，有效期在50天以上。

（5）在成虫羽化初期，用甲胺磷10倍液或废机油、白涂剂等涂抹树干和大枝，可有效防止成虫蛀孔为害，并可兼治桑白蚧。

> **❓ 小提示**
>
> 在使用农药原液进行刮皮涂干时，一定要考虑树木对农药的敏感性，以免树体产生药害。最好先进行试验，再大面积使用。如在用甲胺磷涂干防治梨二叉蚜时，原液涂干处理30天左右，会出现树叶边缘焦枯的轻微药害。

（二）树体注射（吊针）

（1）用木工钻与树干成45°夹角打孔，孔深6厘米左右，打孔部位在离地面10～20厘米之间。

（2）用注药器插入树干，将药液慢慢注入树体内，让药液随树体内液流到达树木的干、枝、叶部，使树木整体带药。

三、药害防治

（一）药害的发生原因

药害的发生原因有如表8-14所示的几种。

表8-14　药害的发生原因

序号	原因	具体说明
1	药剂种类选择不当	如波尔多液含铜离子浓度较高，对幼嫩组织易产生药害
2	部分树种对某些农药品种过敏	有些树种性质特殊，即使在正常使用情况下，也易产生药害。如碧桃、寿桃、樱花等对敌敌畏敏感，桃、梅类对乐果敏感，桃、李类对波尔多液敏感等
3	在树体敏感期用药	各种树木的开花期是对农药最敏感的时期之一，用药要慎重
4	高温易产生药害	温度高时，树体吸收药剂较快，药剂随水分蒸腾很快在叶尖、叶缘集中，导致局部浓度过大而产生药害
5	浓度过高、用量过大	因病虫害抗性增强等原因而随意加大用药浓度、剂量，易产生药害

（二）药害的防治措施

为防止园林树木出现药害，除针对上述原因采取相应措施预防发生外，对于已经出现药害的植株，可采用如图8-9所示方法处理。

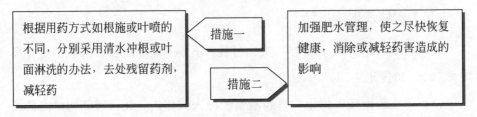

根据用药方式如根施或叶喷的不同，分别采用清水冲根或叶面淋洗的办法，去处残留药剂，减轻药

措施一

措施二

加强肥水管理，使之尽快恢复健康，消除或减轻药害造成的影响

图8-9 药害的防治措施

第六节 树体的保护和修补

一、树体的保护和修补原则

贯彻"防重于治"的精神，尽量防止各种灾害的发生，做好宣传工作，对造成的伤口应尽早治，防止扩大。

二、树干伤口的治疗

对病、虫、冻、日灼或修剪造成的伤口，要用利刀刮干净削平，用硫酸铜或石硫合剂等药剂消毒，并涂保护剂铅油、接蜡等。

对风折枝干，应立即用绳索捆缚加固，然后消毒涂保护剂，再用铁丝箍加固。

三、补树洞

伤口浸染腐烂造成孔洞，心腐会缩短寿命，应及时进行修补工作，方法一般有以下三种。

（1）开放法：孔洞不深也不过大，清理伤口，改变洞形以利排水，涂保护剂。

（2）封闭法：树洞清理消毒后，以油灰（生石灰1份+熟桐油0.35份）或水泥封闭外层加颜料做假树皮。

（3）填充法：树洞较大的可用水砂浆、石砾混合进行填充，洞口留排水面并做树皮。

四、吊枝和顶枝

大树、老树树身倾斜不稳时，大枝下垂的应设立支柱撑好，连接处加软垫，以免损伤树皮，称为顶枝。吊枝多用于果树上的瘦弱枝。

五、涂白

（一）涂白的目的

涂白的目的是防治病虫害和延迟树木萌芽，避免日灼危害。在日照、昼夜温差变化较大的大陆性气候地区，涂白可以减弱树木地上部分吸收太阳辐射热，从而延迟芽的萌动期。涂白会反射阳光，避免枝干湿度的局部增高，因而可有效预防日灼危害。此外，树干刷白，还可防治部分病虫害，如紫薇等的介壳虫、柳树的钻心虫、桃树的流胶病等。

（二）涂白的配方

涂白剂的常用配方是：水10份，生石灰3份，石硫合剂原液0.5份，食盐0.5份，油脂（动植物油均可）少许。配制时要先化开石灰，把油脂倒入后充分搅拌，再加水拌成石灰乳，最后放入石硫合剂及盐水即可。此外，为延长涂白期限，还可在混合液中添加黏着剂（如装饰建筑外墙所用的801胶水）。

（三）刷白的高度

一般为从植株的根颈部向上一直刷至1.1米处。

六、支撑

支撑是确保新植树木特别是大规格苗木成活和正常生长的重要措施。具体要求如下：

（1）选用坚固的木棍或竹竿（长度依所支树木的高矮而定，要统一、实用、美观），统一支撑方向，三根支柱中要有两根冲着西北方向，斜立于下风方向。

（2）支柱下部埋入地下30厘米。

（3）支柱与树干用草绳或麻绳隔开，先在树干或支棍上饶几圈，再捆紧实。同时注意支柱与树干不能直接接触，否则会硌伤树皮。

（4）高大乔木立柱应立于树高1/3处，一般树木应立于1/2 ~ 2/3处，使其真正起到支撑作用，不能过低，否则无效。

> **❓ 小提示**
>
> 浇水后或大风过后，要及时派人扶直被风吹斜或倒伏的树木，并重新设立支撑，防止第二次倒伏。

七、调整补缺

园林树木栽植后，因树木质量、栽植技术、养护措施及各种外界条件的影响，难免不会发生死树缺株的现象，对此应适时进行补植。

补植的树木在规格和形态上应与已成活株相协调，以免干扰设计景观效果。对已经死亡的植株，应认真调查研究，如土壤质地、树木习性、种植深浅、地下水位高低、病虫为害、有害气体、人为损伤或其他情况，分析原因，采取改进措施，再行补植。

第七节　树木冬季防冻害

冻害是指树木因受低温的伤害而使细胞组织受伤，甚至死亡的现象。

一、造成冻害的有关因素

造成树木冻害的因素如表8-15所示。

表8-15　造成树木冻害的因素

序号	因素	具体说明
1	抗冻性与树种、品种的关系	不同树种、品种抗冻力不一样，樟子松比油松抗冻，油松比马尾松抗冻，北方型树种比南方型树种抗冻
2	抗冻性与组织器官的关系	同一树种不同器官，同一枝条不同组织对低温的忍耐力不同，叶芽、形成层耐寒力最强，新梢、根颈、花芽抗寒力弱
3	抗冻性与枝条成熟度的关系	成熟度越高，耐寒性也越高，没有完全木质化的枝条易受冻害
4	抗冻性与枝条休眠的关系	植株休眠越深，抗寒力愈强，反之则弱，早春萌芽早的树种易受倒春寒的危害
5	低温来临的状况与冻害的关系	逐渐降温，树体经过"抗寒锻炼"，组织熟化，增强抗性，突然降温，树体未经抗寒锻炼，易发生冻害。植物受低温影响后急剧回升比缓慢回升受害严重
6	与其他因素的关系	（1）地势、坡向、小气候差异大，南坡冻害比北坡大。（因温差大） （2）近水源比远离水源的冻害轻（因水的热容量大） （3）实生苗比嫁接苗耐寒；结果多的比结果少的树易发生冻害；施肥不足比肥料足的树抗寒差，有病虫害的树木易受冻害

二、冻害的表现

冻害的表现如表8-16所示。

表8-16　冻害的表现

序号	部位	冻害的表现
1	芽	冻害多发生在春季回暖时期，遇倒春寒而受冻害，受冻后内部变褐色，外表松散，不能萌发，干枯死亡
2	枝条	休眠期以形成层最抗寒，皮层次之，而木质部、髓部最不抗寒。随受冻程度加重，髓部木质部先后变色，严重冻害时韧皮部才受伤，如果形成层变色则枝条失去了恢复能力
3	枝杈和基角	枝条的分杈处和主枝基角部进入休眠较晚，遇到昼夜温差变化较大时易引起冻害。主枝与树干的基角愈小，枝杈基角冻害也愈严重，受冻后皮层和形成层变褐色，干缩凹陷，有的树皮呈块状冻裂，有的顺主干冻裂或劈裂
4	主干	主干受冻后有的形成纵裂，称"冻裂"现象，树皮成块状脱离木质部或沿裂缝方向卷折。原因是气温突然降到零度以下，树皮迅速收缩，致使主干组织内外张力不均，而自外向内开裂，常发生在夜间，随着气温的变暖，冻裂处又可逐渐愈合
5	根颈和根系	（1）根颈停止生长最迟，进入休眠最晚，春季活动最早，休眠解除较早，如果温度骤然下降，根颈未能很好的抗寒锻炼，同时地表温度变化又剧烈，因而易引起根颈的冻害。根颈受冻后，树皮先变色，以后干枯，可发生在局部，也可能形成环状，根颈受冻害对植株危害很大 （2）根系无休眠期，较其他部分耐寒力差，但越冬期间根系活动明显减弱，故耐寒力较生长期略强。根系受冻后变褐色，皮部与木质部分离。一般粗根较细根耐寒力强，新栽的树或幼树根浅易受冻害，大树抗寒性强

三、冻害的防治措施

（一）贯彻适地适树的原则

使树木适应当地的气候条件，耐寒性强可减少越冬防寒的工作量。

（二）加强栽培管理，提高抗寒性

春季加强管理，增施水肥，促进营养积累，保证树体健壮生长发育，8月下旬增施K肥，及时排水，促进木质化，提早结束生长，进行抗寒锻炼。此外，在封冻前12月下旬灌一次封冻水，2月解冻后及时灌水能降低土温，推迟树系活动期，延迟花芽萌动，使之免受冻害。

（三）加强树体保护措施

树木冬季防寒防冻采用的措施主要是灌冻水、树枝除雪、卷干包草、树干刷白等。

1.灌冻水

在冬季土壤易冻结的地区，于土地封冻前，灌足一次水，称为"灌冻水"。灌后，在树木基部培土堆。这样既供应了树本身所需的水分，也提高了树的抗寒力。

2.树枝除雪

在下大雪期间或之后，应把树枝上的积雪及时打掉，以免雪压过久过重，使树枝弯垂，难以恢复原状，甚至折断或劈裂。尤其是枝叶茂密的常绿树，更应及时组织人员，持竿打雪，防雪压折树枝。对已结冰的枝，不能敲打，可任其不动；如结冰过重，可用竿枝撑，待化冻后再拆除支架。

3.卷干、包草

对于不耐寒的树木（尤其是新栽树以及一些从南方沿海地区引种的热带植物如海枣、蒲葵等），要用草绳道道紧接的卷干或用稻草包裹主干，用绳子将枝条收紧防寒，特别是对于当年刚种植的海枣、蒲葵等，则应将收紧的树冠用塑料薄膜包裹。此法防寒，应于春节过后拆除，不宜拖延。

4.树干刷白

其要求见前一节。

学习回顾

1. 树木灌水与排水有什么原则？

2. 在什么条件下就需要对树木进行排水？

3. 对树木进行化学除草时要注意什么？

4. 树木修剪的程序是什么？

5. 行道树的修剪要求是什么？

6. 树木根外施肥有哪几种方式？

7. 树木药害防治措施有哪些？

8. 树木涂白的目的是什么？

9. 树木冻害防治措施有哪些？

学习笔记

_____

_____

_____

_____

_____

第九章 花卉的养护

本章学习目标

1. 了解露地花卉的养护管理常识。
2. 了解盆栽花卉的日常养护常识。
3. 了解花卉病虫害的防治常识。

第一节　露地花卉的养护管理

一、灌溉

（一）灌溉的水质

浇花的水质以软水为好，一般使用河水、雨水最佳，其次为池水及湖水，泉水不宜。不宜直接从水龙头上接水来浇花，而应在浇花前先将水存放几个小时或在太阳下晒一段时间，不宜用污水浇花。

（二）浇水时期

浇水时期如图9-1所示。

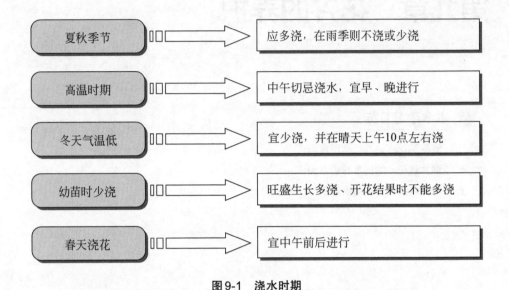

图9-1　浇水时期

（三）浇水方式

每次浇水不宜直接浇在根部，要浇到根区的四周，以引导根系向外伸展。每次浇水过程中，按照"初宜细、中宜大、终宜畅"的原则来完成，以免表土冲刷。灌溉的形式主要有畦灌、沟灌、滴灌、喷灌、渗灌五种。

二、施肥

（一）基肥

在育苗和移栽之前施入土壤中的肥料，主要有厩肥、堆肥、饼肥、骨粉、过磷酸钙以及复混肥等。施入肥料，再用土覆盖，也可以将肥料先拌入土中，然后种植花卉。

> **❓ 小提示**
>
> 有机肥作基肥时，要注意充分腐熟，以免烧坏幼苗。无机肥做基肥时，要注意氮、磷、钾配合使用，且入土不要过深。

（二）追肥

追肥指在花木生长期间所施的肥料。一般多用腐熟良好的有机肥或速效性化肥。追肥的施肥方法，具体如表9-1所示。

表9-1　追肥的施肥方法

序号	方法	具体操作	备注
1	埋施	在花卉植物的株间、行间开沟挖坑，将化肥施入后填上土	（1）浪费少，但劳动量大，费工 （2）注意埋肥沟坑要离作物茎基部10厘米以上，以免损伤根系
2	沟施	在植株旁开沟施入，覆土	
3	穴施	在植株旁挖穴施入，覆土	
4	撒施	在下雨后或结合浇水，趁湿将化肥撒在花卉株行间	只宜在操作不方便、花卉需肥比较急的情况下采用
5	冲施	把定量化肥撒在水沟内溶化，随水送到花卉根系周围的土壤	（1）肥料在渠道内容易渗漏流失，还会渗到根系达不到的深层，造成浪费 （2）方法简便，在肥源充足、作物栽培面积大、劳动力不足时可以采用
6	滴灌	在水源进入滴灌主管的部位安装施肥器，在施肥器内将肥料溶解，将滴灌主管插入施肥器的吸入管过滤嘴，肥料即可随浇水自动进入作物根系周围的土壤中	（1）配合地膜覆盖，肥料几乎不会挥发、不损失，又省工省力，效果很好 （2）要求有地膜覆盖，并要有配套的滴灌和自来水设备
7	插管渗施	（1）将氮、磷、钾合理混配（一般按8：12：5的比例）后装入插管内，并封盖 （2）将塑料管插入距花卉根部5～10厘米的土壤中，塑料管顶部露出土壤3～5厘米	操作简便，肥料利用率高，能有效地降低化肥投入成本

三、中耕除草

（1）中耕不宜在土壤太湿时进行。

（2）中耕的工具有小花锄和小竹片等，花锄用于成片花坛的中耕、小竹片用于盆栽花卉。

（3）中耕的深度以不伤根为原则，根系深，中耕深；根系浅，中耕浅；近根处宜浅，远根处宜深；草本花卉中耕浅，木本花卉中耕深。

四、整形修剪

（一）整形

露地花卉一般以自然形态为主，在栽培上有特殊需求时才结合修剪进行整形。主要的形式有单干式、多干式、丛生式、垂枝式、攀援式，具体说明如表9-2所示。

表9-2　露地花卉的整形形式

序号	形式	具体说明
1	单干式	整株花卉只留一主杆，以后只在顶端开一朵大花。从幼苗开始将所有侧蕾和侧枝全部摘掉，使养分集中。一个主杆顶端稍稍分出若干侧枝，形成伞状，要剪除侧枝，到最后才留部分顶端的侧枝
2	多干式	在苗期摘心，使基部形成数条主枝。根据所想留主枝的数目，再摘除不要的侧枝。一般主枝只留3～7条，如菊花
3	丛生式	灌木类或竹类，以丛生式定型，要疏密相称、高低相宜，使之更富诗情画意，如南天竹、美人蕉、佛肚等
4	垂枝式或攀援式	多用于蔓生或藤本花卉，需要搭架使之下垂或攀升，同时也要适当整枝，方法同上，如悬崖菊、牵牛花等

（二）修剪

修剪主要是摘心、除芽、去蕾，具体如表9-3所示。

表9-3　花卉的修剪

序号	类别	操作方式	作用	常见花卉
1	修枝	剪除枯枝、病枝、残枝和过密细弱的枝条	促进通风、透光，节省养分，改善株型	
2	摘叶	摘去部分老叶，下脚叶和部分生长过密的叶	防止叶片过于茂密，影响开花结果	
3	摘心	除去枝梢的顶芽	促使侧芽的萌发，枝条增多，形成丛生状，开花繁多	百日草、一串红、翠菊、万寿菊、波斯菊等
4	除芽	除去过多的侧芽或脚芽	枝数的增加和过多花蕾的发生，使所保留的花朵或枝条养分充足，花大色美	菊花、大丽花等
5	去蕾	除去侧蕾保留顶蕾	顶蕾营养充足而发育良好，花大花形美	
6	短截	剪除枝条的一部分，使之缩短	促使萌发侧枝，使萌发的枝条向预定空间抽生	

第二节　盆栽花卉的日常养护

一、浇水

（一）水质要求

盆花最好用软水浇灌，雨水、河水、湖水、塘水等称为软水。

（二）水的温度

浇水温度与当时的气温相差要大，如果突然浇灌温差较大的水，根系及土壤的温度突然下降或升高，会使根系正常的生理活动受到阻碍，减弱水分吸收，发生生理干旱，因此，夏季忌在中午浇水，冬季自来水的温度常低于室温，使用时可加些温水，有利于花卉生长需要。

（三）浇水"五看"

浇水"五看"，具体如表9-4所示。

表9-4　浇水要求

序号	类别	具体内容
1	看季节	（1）春季，盆花出室后第1次浇水必须浇透。初春每隔2～3天浇水1次，以后为1～2天浇1次 （2）夏季，遇晴天每天至少浇水1次，入伏后，遇晴天早晚都应浇水1次，盆土发白变干时及时补水 （3）秋季，盆栽花木重新转入缓慢生长时期，一般2～3天浇水1次 （4）冬季，大多数盆栽花卉转入室内越冬，温室内的花卉一般1～2周浇水1次，至多4～5天浇1次，不可浇水太多太勤
2	看天气	干旱多风天气多浇，阴雨天气缓浇、少浇或停浇
3	看种类、品种	（1）一般草本喜湿花卉应多浇，木本喜旱花卉应少浇：仙人掌类、石莲花、虎刺梅等多浆植物宁干勿湿、球根、球茎类花卉不宜久湿、过湿；牡丹等肉质根喜燥恶湿宜少浇，水生类花卉如荷花、睡莲、石菖蒲等喜水怕旱，必须在水中生长；冠径大的阔叶、多叶类花卉宜多浇，冠径小的窄叶、小叶类花卉宜少浇 （2）根据花木嗜水习性而总结出来的。如腊梅、梅花、绣球、大丽花、天竺葵等喜干怕涝的盆花，就要按"干透浇透"的原则浇水。要当盆土表面全部都干了，才能浇水。"浇透"就是不要浇"半截水"，要使盆土上下全部浇灌湿透。浇不透则根的尖端吸不到水分，就影响生长。但浇透不等于浇漏，经常浇漏，肥分流失过多，也影响生长 （3）杜鹃花、山茶花、月季、栀子花、米兰、南天竹、八仙花、万年青等喜湿润而又不耐大水的花卉，就要按"见干见湿"的原则

序号	类别	具体内容
3	看种类、品种	浇水，见盆土发白时就浇水，浇到湿润即可。不要等到盆土干透了才浇，也不能浇大水。要做到盆土有干有湿，既不可长期干旱，也不可经常湿透，而要干湿相间 （4）蜈蚣草、马蹄莲、龟背竹、旱伞草等喜大水盆花，就要按"宁湿勿干"的原则浇水，盆土要经常保持潮湿，不能脱水。松科和多浆多肉等花卉，为喜干耐旱的花木，就要按"宁干勿湿"的原则浇水，要干透了才浇水，绝不能渍水
4	看生育阶段	（1）生长旺盛阶段宜多浇 （2）生长缓慢阶段宜少浇 （3）种子和果实成熟阶段盆土宜稍偏干 （4）休眠阶段应减少浇水次数和浇水量
5	看盆	（1）小花盆浇水次数宜多、一次浇水量宜少，大盆浇水量应比小盆稍多 （2）泥瓦花盆浇水次数需多一些，陶瓷花盆浇水勿太多太勤，泥瓦盆孔隙多，浇水次数和浇水量适量增加 （3）沙性土易干应多浇水，黏性重的盆土既要防涝也要防旱，并及时中耕松土，适当减少浇水次数 （4）盆土颜色发白，重量变轻，手感坚硬时多浇，呈暗灰色或深褐色，重量沉实，手感松软，土壤潮湿，可暂不浇水 （5）新上盆的花卉在土壤水分不足时，不宜直接大量浇水，应先用培养土把盆壁四周的裂缝堵塞，再缓缓注入少量水分，待盆土湿润后，再按常规法浇水

（四）浇水适量

判断植物的需水量，要在实践中逐步摸索，找出规律，要掌握好浇水量，一般盆栽花卉要掌握"见湿、见干"，木本花卉和仙人掌类要掌握"干透、湿透"的原则。浇水量的确定要点如下：

（1）夏季是多数植物生长旺盛，蒸发量大，应多浇水、夏季室内花卉2～3天浇水一次，在室外则每天浇一次水。

（2）秋冬季节对那些处于休眠、半休眠状态的花卉还是以控制浇水、使盆土经常保持偏干为好，总之要根据盆花对水的需要做到适时适量的原则。

（3）不同品种的花卉浇水量要区别对待，一般草本花卉比木本花卉需水量大，浇水宜多。

（4）南方花卉比原产干旱地区的花卉需水量大。

（5）叶片大，质地柔软，光滑无毛的花卉蒸发量多，需水量大。

（6）叶片小、革质的花卉需水较少。

（五）浇水方式

多数花卉喜欢喷浇，喷水能降低气温，增加环境湿度，减少植物蒸发，冲洗叶面灰尘，提高光合作用。经常喷浇的花卉，枝叶洁净，能提高植物的观赏价值，但盛开的花朵及茸毛较多的花卉不宜喷水。

二、给花卉施肥

（一）施好基肥

花卉在播种、上盆或换盆时，将基肥施入盆底或盆下部周围，以腐熟后的饼肥、畜禽粪、骨粉等有机肥为主。施入量视盆土多少，花株大小而定，一般每5千克盆土施300～400克有机肥为宜。

（二）适时适量追肥

在花卉植株生长旺期，根据其发育状况（包括叶色及厚度、茎的粗壮程度、花色鲜艳程度等），可将速效性肥料直接施入盆内外缘，深度为5厘米左右，施入量因盆土多少而定。追肥在花卉生长季节都可进行，当植株进入休眠期时，停止施肥。每周施1～2次，立秋后每半月施1次。

（三）必要时叶面喷肥

一般情况下，草本花卉使用浓度为0.1%～0.3%，木本花卉为0.5%～0.8%，喷施应选在早晨太阳出来前或傍晚日落后。每7天喷一次，连续三次后，停喷一次（约半个月），以后再连续。

（四）施肥原则

施肥原则如下：

（1）营养生长期多施氮、钾肥，花芽形成期多施磷肥；现蕾时施，裂蕾时不施；花前花后施，盛花期不施。

（2）早晚可施，中午不施；施肥前一天要松土，施肥后的翌晨要浇水。

（3）开春后施，秋分后不施；雨前、晴天可施，雨后不施；气候干旱时施，梅雨季节不施。

（4）盆地土干时施，盆土湿时不施；气候适宜生长旺盛时多施，气候炎热或低温季节生长停滞时不施。

（5）新栽、徒长、休眠时也不施。

（6）宁淡勿浓要少施；薄肥勤施，浓肥勿施；不腐熟勿施；不单施氮肥；花卉施肥，应将氮、磷、钾配合使用，最好以饼肥、厩肥、堆肥、鸡鸭鸽粪、骨粉、树叶、草木灰等农家肥为主。

（7）喜肥的菊花、茉莉，由淡到浓可多施，耐瘠薄的五针松等松柏类少施。

（8）壮苗可多施，弱苗要少施；根部患病，暂停施肥。

三、盆栽花卉的整形与修剪

盆栽花卉的整形与修剪要求，同露天花卉一致。

第三节　花卉的病虫害防治

花卉常见的病虫害，有白粉病、锈病、黑斑病、缩叶病、黄化病等，以及天牛类、蚜虫类、介壳虫类、金龟子类等害虫。

一、花卉常见病害的防治

（一）白粉病

常见于凤仙花、瓜叶菊、大丽菊、月季、垂丝海棠等花卉上，主要发生在叶上，也危害嫩茎、花及果实。

1.病情表现

（1）初发病时，先在叶上出现多个褪色病斑，但其周围没有明显边缘，后小斑合成大斑。

（2）随着病情发展，病斑上布满白粉，叶片萎缩，花受害而不能正常开花，果实受害则停止发育。

（3）此病发生期可自初春，延及夏季，直到秋季。

2.防治方法

（1）初发病时及早摘除病叶，防止蔓延。

（2）发病严重时，可喷洒0.2～0.3波美度石硫合剂，或1000倍70%甲基托布津液。

（二）锈病

易发此病的以贴梗海棠等蔷薇科植物居多，包括玫瑰、垂丝海棠等。另外，芍药、石竹也易患此病。

1.病情表现

发病为早春，初期在嫩叶上呈斑点状失绿，后在其上密生小黑点，初期在嫩叶黄色圆块，并自反面抽出灰白色羊毛状物，至8～9月间，产生黄褐色的粉末状物，危害严重时会引起落叶。

2.防治方法

尽量避免在附近种植松柏等转主寄生植物；早春，约为3月中旬，开始喷洒400倍20%萎锈灵乳剂液或50%退菌特可湿性粉剂，约经半个月后再喷一次，直到4月初为止，若春季少雨或干旱，可少喷一次。

（三）缩叶病

主要发生在梅、桃等蔷薇科植物的叶片上。

1.病情表现

早春初展叶时，受害叶片畸形肿胀，颜色发红。随着叶片长大，而向反面蜷缩，病斑渐变成白色，且在其上有粉状物出现。由于叶片受害，嫩梢不能正常生长，乃至枯死。叶片受害严重，则掉落，影响树势，减少花量。

2.防治方法

发病初期，及时摘除初期显现病症的病叶，以减少病原传播；早春发芽前，喷洒3～5波美度石硫合剂，经消除在芽鳞内外及病梢上越冬的病原。倘若能连续两三年这样做，就可以比较彻底地防治此病。

二、花卉常见虫害的防治

（一）蚜虫

蚜虫是危害花卉最常见的一类害虫。它在花卉上取食的部位，大多在嫩茎、嫩叶和花蕾上，而且往往多在叶片的反面。易受蚜虫危害的花卉有桃、月季、榆叶梅、梅花等。

1.病情表现

（1）蚜虫多聚集在叶片反面，以吸食叶液为生。

（2）随着早春气温上升，受害叶片不能正常展叶，新梢无法生长，严重时会造成叶片脱落，影响开花。

（3）至夏季高温时，有些蚜虫迁飞至其他植物如蔬菜等上，直至初冬再飞回树上产卵越冬。

2.防治方法

（1）发芽后展叶前，可喷洒1000倍40%乐果乳剂，以杀死初经卵化的幼蚜。

（2）也可先不喷药，以保护瓢虫等天敌，让其消灭蚜虫，直至因种群消长失衡，天敌无法控制蚜虫时，再考虑用药。

（二）介壳虫

介壳虫种类之多、危害花木之众为害虫之最。龟甲蚧，白色脂质，圆形。桑白蚧，白色，尖形。牡蛎蚧，深褐色，雄虫长形，雌虫圆形。盔甲蚧，深褐色，圆形，形似盔甲。

易受介壳虫危害的植物有山茶、石榴、夹竹桃、杜鹃、木槿、樱花、梅、桃、海棠、月季等。

1. 病情表现

幼虫先在叶片上吸食汁液，使叶片失绿，至成虫时，多在枝干上吸食汁液，严重衰弱树势而影响开花。

2. 防治方法

用手捏死或用小刀刮除叶片和枝干上的害虫，在幼虫期喷洒1000倍40%乐果乳剂1～2次，其间相隔7～10天。

（三）红蜘蛛

虫体小，几乎肉眼难以分辨。多呈聚生，且繁殖速度极快。易受红蜘蛛危害的植物很多，如月季、玫瑰、花桃、樱花、杜鹃等。

1. 病情表现

（1）虫聚生于叶片背面吸食汁液，初使叶片失绿，最终造成叶片脱落、新梢枯死。

（2）严重时，小树生长衰弱甚至死亡。

2. 防治方法

（1）于初发期喷洒1000倍40%乐果乳剂，或1000～1500倍40%三氯杀螨乳剂，喷杀时要周到密布。

（2）夏季高温时，该虫繁殖快，往往防治不及，要早喷洒农药，且要连续3 ～ 4次，其间间隔7天左右，而且不要单一使用一种农药，以免产生抗药性。

（四）线虫

线虫危害植物根部，引起植物发育不正常。受害植物有兰花、康乃馨、水仙、牡丹等。

1.病情表现

（1）虫害轻时，往往不易察觉

（2）虫害严重时，植物生长不良，开花不旺。

（3）由于土壤中线虫种类繁多，虫体幼小，肉眼几乎看不到。

2.防治方法

每千克种植土壤中加20 ～ 30粒3%呋喃颗粒剂，通过土壤溶解，缓缓释放，来消灭线虫。

（五）毛虫类

毛虫类有天幕毛虫、舟形毛虫等。食性很杂，几乎危害所有植物，呈暴发性。毛虫类常见于桃、梅、樱花等。

1.病情表现

幼虫在枝干中蛀食，严重的可使2 ～ 3年生大枝蛀断，影响树姿。

2.防治方法

（1）平时注意观察，当枝干上有蛀孔，并自蛀孔排泄小颗粒状粪便时，可用铁线自蛀孔向虫道挖除，或将枝剪断，杀死害虫。

（2）用150倍80%的敌敌畏乳剂，用注射器由虫道排粪口注入，然后以湿泥将虫道堵住，杀死害虫。

（六）地下害虫

蛴螬，即金龟子幼虫，白色。地老虎，绿黑色。在土壤里以取食植物根或根颈部为生，常致植物死亡。防治方法是及时从其入土洞口挖除。

✎ 学习回顾

1.露地花卉如何施肥？

2.如何对露地花卉进行修剪？

3.盆栽花卉的施肥原则是什么？

4.如何确定盆栽花卉的浇水量？

5.花卉常见病害有哪些？如何防治？

6.花卉常见虫害有哪些？如何防治？

✎ 学习笔记

_____

_____

_____

_____

_____